诸子与诸国

中国古代思想的起源

张经纬 著

中华书局

图书在版编目(CIP)数据

诸子与诸国:中国古代思想的起源/张经纬著. —北京:中华书局,2022.7
ISBN 978-7-101-15627-0

Ⅰ.诸… Ⅱ.张… Ⅲ.哲学思想-研究-中国-古代 Ⅳ.B2

中国版本图书馆 CIP 数据核字(2022)第 016954 号

书　　名	诸子与诸国:中国古代思想的起源
著　　者	张经纬
责任编辑	徐卫东
责任印制	管　斌
出版发行	中华书局
	(北京市丰台区太平桥西里 38 号　100073)
	http://www.zhbc.com.cn
	E-mail:zhbc@zhbc.com.cn
印　　刷	三河市中晟雅豪印务有限公司
版　　次	2022 年 7 月第 1 版
	2022 年 7 月第 1 次印刷
规　　格	开本/880×1230 毫米　1/32
	印张 8⅝　插页 2　字数 150 千字
印　　数	1-7000 册
国际书号	ISBN 978-7-101-15627-0
定　　价	59.00 元

目　录

代前言：诸国与诸子

　　诸子百家，早已是被前人讨论过无数次的题目，在古典文献、中国哲学、先秦史、考古学等领域中已经积累了非常丰厚的成果。对每一个贸然进入的后来者（外行者）来说，充满了知识上的壁垒和挑战。另有众多博览群书和积累深厚的研究者，时刻准备以如炬慧眼，严格考量每一个胆敢惊扰先贤的冒失探险者。这本小书可以算是一次斗胆涉险的尝试，希望能在这个与人类学隔了数重山的天地中，探出一条可见初曙的路径。

　　细心的读者或许已经发现，序言标题与书名之间的细微差异。从框架来说，本书的基本结构，确实先谈东周诸国的历程，再涉及诸子百家哲思，但全书的根本目的不在于诸国，实在于通过诸国社会的变迁，呈现诸子思想的发展脉络。而这种将个体置于时代背景之下加以考察，同时又以个体折射时代进程的互现方式，即体现了人类学思维在传统文史研究中的应用。所以书名中两个关键词的词序，就表现了这种侧重关系。当然，也可以更简单地理解为，书名词序在口语发音上更为通顺。

　　其次，需要在开篇直陈，本书是前作《四夷居中国——东亚大陆人类简史》的延伸作品。两者在主题上存在一定连贯性，但绝不代表内容上的重复，更多地则是一种在不同维度上的探索和尝试。

诸子百家的研究历史悠久，甚至可以追溯到其诞生伊始。比如，同列诸子的荀况已在《荀子·成相》等篇中，评价"慎墨季惠，百家之说诚不详"；而距其不甚远的司马谈也曾在《论六家要旨》中论及阴阳、儒、墨、名、法、道德六家的核心观点和差异。晚近以来的讨论则更加数不胜数，其中首推钱穆《先秦诸子系年》。其在该书"自序"中提出"先秦学术，惟儒、墨两派。墨启于儒，儒原于故史。其他诸家，皆从儒、墨生。要而言之，法原于儒，而道启于墨。农家为墨、道作介，阴阳为儒、道通囿。名家乃墨之支裔，小说又名之别派"的观点，至今仍给人豁然启发。

不过，这些古今研究都或有侧重：古人虽然在经验上接近诸子的时代，但论说往往过于简略，逻辑上也不甚严密；后世学者博采众长，考证精密，可在经验上则难免疏远，容易陷入语义上的繁复演绎，而难以自拔（宾四先生自外其中）。综合起来，以往的研究通常存在这样两个问题。

第一，那些远离我们的古代思想家，会随着时空上的距离，断裂了与历史情境的固有联系，而变得标签化、"语录化"，使我们以为"哲学"从一开始就是"哲学"，忽略了那些哲学观点原本上所根植的现实土壤。而且，随着后世研究的"过密化"，进一步导致这种刻板印象的增强，最终以"经典"的形式成为后人行为的标尺，乃至思维的束缚或桎梏。

第二，自古以来，由于先秦文献的作者（占诸子百家的绝大部分）主要来自太行山以东、黄河下游的平原国家，他们一方面确实留给我们有关东部国家的丰富记录，但另一方面也存在观察视角上的局限性，使后世研究者无法建立一种从黄河上游、中游至下游的总体观察。这种缺陷的一个显著结果，就是会使得文献研读者往往不由自主地将自身代入为黄河下游人群（齐、鲁）中的一分子，而将中、上游人群（晋、楚、秦，甚至周、郑）"他者化"。反过来，这种"人—我"对立的二元关系，无疑会对先秦文献的理解造成损害，影响先秦哲学、史学研究的结论。

本书的源起便基于对这样两个问题的认识。裨益于前作的成果，我们得以用全新的视角，超越一国一族的维度，从宏观层面重现东周国家演进的动态历程。正是这一知识基础，使我们有可能将诸子百家的哲思从单纯的哲学讨论中解放出来，重新置于东周各国政治—经济变迁的进程中加以思考，以实现对诸子学说本来面貌的最大还原。因此，本书实质上是一种将先秦哲学与先秦史这两个高度重合的领域进一步糅合的试验。当然，这并非传统"经史互为表里"方法论的复现，而是一种历史与思想之间更精确的映射。

古人的世界距离我们只远不近，考古发掘近来似乎也未添新知，那么，为落实这一试验宗旨，还原先秦哲人脸谱背后的真实一面，只能寄希望于新的研究角度。因此，本书在写作上力求跃出以往东周历史叙述的既定框架，避免《左传》风格的宫廷斗争与道德政治学，而专以人群迁移的动向为目标，从更大的角度把握东周时代颇具层次感的人口—物质流动趋势——在某种意义上说，只有充分呈现了这一诸子间思想角力的天然竞技场，才使我们有机会重建诸子哲思背后的行动逻辑与脉络谱系。

综上，此项研究秉持一个核心思路：所有的哲学思想都不是凭空而来的冥想的产物，而是哲学家对所处时代格局、社会结构变化的反馈。这一原则，古今中外，概莫能外。

　　具体来讲，本书的写作脉络并不复杂，在实践层面上可以简单分为三个步骤。首先，以动态视角呈现东周人群迁移的阶段性历程——简述东周历史。其次，将诸子生平主要活动的轨迹与国家进程精准对应。最后，回到中观层面，将诸子哲思视为黄河流域不同位置人群对外部局势变化的思考和回应，并打破以往儒、墨、道、法等诸家的传统划分，从全局的角度给予系统化的分析。

　　章节安排上，本书共十二章内容，但不以章节称之，代以"第一""第二"……"第十二"，谨以此向先秦文献致敬。除第一章简短以西周的兴衰作为前情提要外，之后每章皆以一时代焦点人群为核心，兼顾相关国家。章首讲述诸侯（国家）或核心人物的主要经历，以此展开该人群所处境遇形成的前因后果，剖析超越"宫廷政治"的宏观因素。叙述中，还将通过不断的"闪回"，借助过往的历史线索，从一国一人的机缘中折射出时代的脉搏。

　　因此，这一架构在总体上遵循时代顺序由远及近；大体上顾及春秋五霸、战国七雄的次序，但又不拘泥于此。比如，周、郑合为一体，吴、越择要聚为一章，三晋仅述魏、赵，而燕国附于赵后。诸子中，只有孔子单独为一章，而余下诸家合为一章，其他散见于各章。细节上，则突出以小见大、见微知著的整体思路。这样的结构特征，一是为呈现多元视角，以多中心叙事，代替单一中心的传统表述；二是将诸子的所思所想，充分溶解于东周社会发展的洪流，使其与时代的闪光时刻交相辉映，重现古代哲人的思想火花。

从实用性而言，本书还以直接或间接的方式，提供了若干古代难题的解答。包括但不限于：东周之初的周王究竟以何种方式，参与到新秩序的营建当中？分别站在齐、晋、楚、周各方的立场，人们耳熟能详的"尊王攘夷"有着怎样的真实意义？被后世极为推重的"兵法"，在其萌发的东周时代到底起到多大作用，并对后来的军事艺术产生怎样的影响？"性善论"与"性恶论"之间的距离，能否延缓秦国逼近齐国的速度？以及，楚人在多大程度上拥有（不）成为秦人的选择权？

本书提供两种阅读方式。第一种，对于已经阅读过《四夷居中国》的读者，推荐从尾章"诸子第十二"开始，然后再回到首章顺序。这样或许能让您获得一种与先哲激辩、不明不休的乐趣。第二种，对于未接触过前作的读者，建议从第一章"西周第一"开始，按顺序阅读。这能让您在重新了解东周历史的同时，获得抽丝剥茧般的解谜快感，实现与诸子百家的跨时空重逢。

值得一提的是，卷首配有两幅东周人群迁移示意图，出于众所周知的原因，请谅解未使用真实地图（详细地图亦可参阅前作）。不过，如此简洁的图示或许在说明性方面也有其独特一面。最后，本书依然延续了作者一贯的知识趣味，在尾章留下一道数学题（相比前作中的微分方程要简单许多）。希望通过对这道排列组合题的解读，让每一位不失浪漫之心的读者在提升逻辑思辨的同时，收获更多来自先哲的灼灼真知。

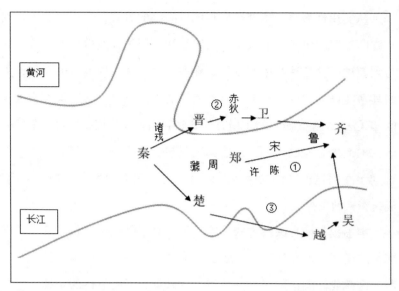

春秋时代人群迁移的三波浪潮

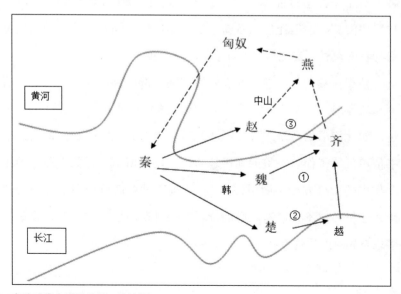

春秋时代人群迁移的三波浪潮

西周第一

早作打算

公元前806年，西周倒数第二位君主周宣王作出一项重要决定，让他同父异母的兄弟王子多父，到周王朝的东都洛邑暂居，并封给他一个诸侯国——郑国。洛邑是周王朝仅次于镐京的都城，自灭商以后，就由周公负责营建，亦称"成周"。历代周王都曾经在这里居住，其中就包括周宣王本人（他于十三年前曾在洛邑召集过东部诸侯的聚会）。作为郑国的初代国君，王子多父就有了郑桓公的称号。

根据金文考证，以"郑"为名的方国原在渭水流域（陕西棫林），这和后来的郑国并无太大关系。由于郑桓公"甚得周众与东土之人"①，所以"和集周民，周民皆说；河、洛之间，人便思之"②。然而，这样一位受人爱戴的宗室，并没有在最初的封国开枝散叶，反而在三十二年之后，把封国搬到了洛邑以东约一百二十公里的原郐国、虢国境内③，并在那里建立了真正意义上的郑国。值得注意的是，在郑国彻底东迁之前，郑桓公刚被侄子，也就是新即位的周幽王，任命为司徒——这是周王朝最重要的官职之一。

———————————

① 《国语·郑语》。
② 《史记·郑世家》。
③ 《史记·郑世家》。

《国语·郑语》对郑桓公的选择作出了解释，认为他接受了当时史官"太史伯"的建议，预感到"王室将卑，戎、狄必昌，不可逼也"，而原来位于河、洛、济水、颍水之间的虢国和郐国不得民心，可取而代之，"以成周之众，奉辞伐罪，无不克矣"。郑桓公接受了这个建议。

只是三年以后，在此次迁国行动还没全部完成前，郑桓公就和周幽王一同死于陷落的镐京。攻陷京城的是申侯及与其通款的西戎和犬戎①。郑国的东迁最终由郑桓公之子郑武公得以实现。同时，郑武公并不满足于郑国的搬迁，他还护送自己的堂侄，也就是周幽王之子平王，也迁移到了成周洛邑，完成了国家重心的东移，这一事件史称"平王东迁"。

从这个角度看，太史伯的建议颇具预见性，虽然没有拯救郑桓公的命运，但至少为郑国和周王朝的未来指明了方向。然而，如果我们把郑国的活动放到更大的历史背景下就会发现，郑国的东迁并不仅仅是太史伯头脑中的灵光一闪，而是历史脉络的一部分。我们可以清楚地发现，在西周最后的若干世代中，始终保持了向东迁移的趋势。比如《竹书纪年》提到，在周宣王七年（前821年）时，宣王舅舅申伯已经从渭河平原向东南方向，迁移到了南阳盆地，而宣王所任卿士樊侯仲山甫则搬到了齐地筑城居住。

那么，再看周宣王在前819年迁往洛邑居住，以及前806年王子多父的短暂居洛，都不再是一些偶然的独立事件，更像是周宣王本

---

① 《史记·周本纪》。

人对未来趋势的"早做打算"。（这么来说，有关郑桓公迁国的时间线，可能就不似两种先秦文献所叙述的那么突然，而是肇始于更早的年代。）作为名声不佳的周厉王之子、周幽王之父，享有"中兴"之名的宣王，或许真的在许多年前就对周王朝的命运作出了自己的预料。于是，他把希望同时也寄托在自己的兄弟身上。

从"普天之下，莫非王土；率土之滨，莫非王臣"的庞大国家，到疲于未来规划、渐至崩塌的衰落古国，富有四海的周朝是如何走向了自己的黄昏，这一切还需要从头说起。

先辈的辉煌①

　　周人向东迁移趋势的开始，其实可以追溯到非常久远的年代。作为中国古代第二个强大的王朝（也可以说，第一个脉络清晰的王朝），周朝开端于陕北高原西部的一个部落。这一时期大约是在商代晚期。

　　商朝晚期的都城位于太行山以东滏口陉东侧，它的控制范围大约以此为中心，西达渭河平原东部。这一区域覆盖了陕北洛河流域到晋南的广大区域。按照殷墟卜辞的记录，这里生活的"羌方"人群曾对商人的边境安全造成很大挑战。有鉴于此，商人便在羌方更西部招募盟友，以此有生力量肃靖晋南区域。

　　周人之所以进入商王的视野并非没有道理。周人的崛起有着非常明显的技术因素。它兴起于陕北高原与关中平原的连接部位，掌握着人工繁殖的驯化马匹进入东亚的主要渠道。从考古资料看，周人实际上并不养马，真正的牧马人是陕北和宁夏平原的部落。但周人始终把交易权利垄断在自己手里，而它的交易对象在多数时候是商朝晚期的统治者们。因此，周人从一开始便因为向商人提供马匹

---

　　①　由《四夷居中国》第四章（4.7—4.12 节）概括。

这一重要的战略物资，而为商王所认知。

这一机制奠定了周人勃兴的基础。从周人的分布位置上看，他们远离商人的核心区域，两者之间所隔的"羌方"也时时困扰商人的边境安全，而商人似乎也有求于此。因此，周人最初便以马匹为媒介，与商人建立了一种基于物质交换的联系网络[①]。可以想象，当商人用大量的财富交换周人的马匹和外援时，事实上就在不断输送、夯实了周人兴起所需的物质基础。待周人的社会发展到一定规模，他们在商王眼中，便从合格的贸易者，渐变为潜在的军事盟友。而这也是周人部落走向军事化的关键步骤。

这一切，使得周人在经济特权之外，还得到了政治和军事上的授权。随着周人的持续变强，商人只能通过加封、赏赐的手段实现勉强的控制。在早期阶段，商王的赏赐还足以收买、调度周人应募出征的积极性，可随着战事的频发和战斗本身的风险，周人的"忠顺"开始下降。并且，不可逆转地向着相反的一方加速。这一进程本身是一种相互促进的过程，周人的发展，意味着商人的衰落——为了维持周人的顺从，商人不得不一次次加大自身积蓄的投入。当两者之间的实力对比经历此消彼长的过程后，耗尽自身财富的商人，已经无法再组织强有力的抵抗。

从周人自西向东攻克商人的战役中，我们可以清晰看到，商人的部队中充斥着普通的步兵，而与之相对的周人，则完全由马匹驱动的战车武装起来。事实可见，商人购入的马匹数量，在真正的供

---

① 《竹书纪年》：太丁四年……周王季命为殷牧师。又，《史记·周本纪》：（闳夭之徒）乃求有莘氏美女、骊戎之文马、有熊九驷、他奇怪物，因殷嬖臣费仲而献之纣。

应者面前显得微不足道。虽然商人的步兵数量惊人，但在奔驰的战车面前束手无策，迅速溃散。周人遂取得了对商人的压倒性胜利，并在商人曾经建都的太行山以东地区建立了新的统治秩序。

周人的事业[①]

　　周人克商之后，迅速委派自己的亲族与姻族向东占领商王朝的领土。具体措施，是在前商朝区域内建立了诸多封国，其中的主要趋势，是沿着黄河向东北方向分布（小部分前往汉水中游和淮河中游）。这样做主要有两个目的，第一个是争取全面控制住商人的领土。比如周武王的弟弟管叔、蔡叔、霍叔分别封到管、蔡及霍地，为了监视末代商王的继承人。另一个亲弟周公封到了鲁国，为了管控"淮上之夷"。周王主要的姻亲吕尚封到了齐国，因为这里有东夷和莱夷——他们在很大程度上构成了商人的军队[②]。

　　第二个目的则是维持商人留下的物质交换体系。商人曾经非常依赖的铜矿资源，对周人也存在巨大的吸引力。在克商之后，周武王很快去世，周朝的统治由年幼的成王和老成的周公共同主持。周公并没有把全部精力放在自己的封地鲁国，而是营建了位于中原的洛邑（成周）。他在这里的主要任务是主持"王会"。这项活动被文献记录下来的部分后来成为一项固定的制度——朝贡。

---

　　① 由《四夷居中国》第三章（3.5—3.8 节）概括。
　　② 《尚书·泰誓》：受（纣王）有亿兆夷人。又，《左传·昭公四年》：商纣为黎之蒐，东夷叛之。

以往的研究较为偏重"朝贡"这个词组中的前半，但文献更加突出了它后半的"贡"字。这项制度要求每一个承认周王至高权力的地区，都应向周王献上当地最重要的物质产品。比如，《尚书·禹贡》提到"淮、海惟扬州"的主要贡物就是"惟金三品"。《周礼·夏官司马》"职方氏"条也明确指出东方诸国"其利金、锡、竹箭"。这里的"金"特指铜矿原料，"扬州"则涵盖了淮河流域直到东海的广大区域。根据考古研究显示，当地生活的淮夷控制着从河南南部穿过大别山通道（后来的"义阳三关"）抵达长江的路径，而长江流域的鄱阳湖盆地正是当时东亚铜矿的主要产区。

除了这些铜矿料之外，《逸周书·王会》提到，来自西北方向的犬戎、北唐等部落，则负责向周王提供马、驴等重型牲口。这些位于周人西北部的人群在很长时间里都是周王朝合格的马匹供应者。如果他们没有按时来贡，周王则会责成将领、甚至亲自前往收缴。清末陕西出土《大盂鼎铭文》，就记载了周代中期周王命一位叫"盂"的将领"伐鬼方"的事情。这类北方战事的主要目的，是要保证周人所拥有马匹数量的稳定性。

显而易见，周王征收马匹的用途在于为军队中的战车配置必不可少的畜力。这保障了周王的军队在向东征讨时的绝对优势——正如当年武王克商时所斩获的压倒性胜利。因为东部淮夷向周王持续贡"金"的前提，就是对周人军事力量的慑服。而这些来自东部地区淮夷的金属资源，又为周王提供了制作用于杀伐的武器、车马器和用于赏赐的礼器所不可或缺的原料。值得注意的是，先秦小说《穆天子传》，曾把周（穆）王的军事行动概括为：西征（北征）与东伐。

正是这样一种对东、西之间资源利用的完美运转，奠定了周代中前期繁荣昌盛的景象。

我们可以把这项成就描述为：以东夷之利兵克犬戎，以犬戎之良马胜淮夷。

体系的挑战 ①

北索良马，南求铜料；周人的事业虽然完美，但抵挡不住增长的瓶颈。随着周人社会的扩大，他们对铜料和马匹的需求亦在同步增长。

当周人把不断上升的需求传递给供应者时，后者亦将把消极的反馈传递给周人。《逸周书·王会》曾经告诉我们：周成王在成周（洛邑）接受四夷贡献时，"周公旦主东方所之"。这位成王的叔父（第一代鲁侯伯禽的父亲，成周洛邑的营建者）以及整个鲁国都肩负着为周人征集南方铜料的重任。他的后人在《诗经·泮水》中提到鲁国最主要的功绩当数"既克淮夷"，收获则是淮夷的"元龟象齿，大赂南金"。

"既克淮夷"中的"克"字生动地表现了周人维持铜料的手段。站在淮夷的立场上，"克"字反过来展现了他们对此的复杂情绪。这不是一个关于礼仪和朝贡的故事。慑于周人的武力，淮夷始终不断地献上江南盛产的矿物资源。因为一旦不贡，上国就会讨伐。然而，大量凝聚了淮夷血汗的西周中期以后青铜器的铭文却显示，周人与

---

① 由《四夷居中国》第四章（4.13—4.14 节）概括。

淮夷诸族间的大规模族群冲突屡见于周昭王、穆王时期。比如《录或卣铭文》就提到："淮夷敢伐内国……"[①]

虽然，来自周人方面的铭文记录总是淮夷呈现为犯上的"叛乱者"，但他们未曾提及叛乱的理由，而仅仅表示，淮夷们再次为自己的不轨缴纳了大量表示悔过的"吉金"。"大赂南金"中的"赂"字仿佛就是淮夷们屈辱的罚单。从一个更全面的视角，我们或许应该明白，这些加倍的"罚金"一方面满足了周人增长的物质需求，但另一方面或许反过来成为淮夷下一次"叛乱"的理由。

《竹书纪年》曾经含混不清地记载，"昭王十九年……丧六师于汉"；"昭王末年……其王南巡不返"。而《过伯簋铭文》则指出了周昭王的动机在于"伐反荆，孚金"[②]。周昭王在面临南方铜矿入贡者的大规模反抗时，不得不亲自出师，但南方河湖纵横的地形令以马车为主要武器的周师深陷险境。

对于王位继承者来说，务必在先人殒身的地方重拾尊严；前提则是重建随昭王一同"南巡不返"的六师，以及获得更多的马匹。现在，东部战事的结果已将王朝内部的压力从东部传到了西部。

《竹书纪年》有载，周穆王曾"北征于犬戎，取其五王以东"。正如南方的淮夷随着周人的需求增长而走上反叛之路，以武力威慑北方的犬戎诸族贡马的手段也同样难以为继。犬戎诸族选择抗拒王命，亦即所谓"荒服者不至"，甚至采取了与周人军事对抗的更为激

① 内国，指由周王直接控制的地区，属于周人的核心区域。参见武刚、王晖：《西周金文中"内国"一词的政治地理双重含义考察》，《宁夏社会科学》，2018（03）。
② 中国社会科学院考古研究所编，《殷周金文集成释文》（第三卷），第196页。按：孚，"俘"的古字。

烈的方式。

这些新出现的状况，直接促成了另一个位于周人更西部群体的登场。活动于陇山以西、西汉水流域的秦人，最初便以"好马及畜，善养息之"这一特征见诸文献。周人招募秦人为其牧马，而且从早期的征集，逐渐固定为后期的制度性供应①。我们可以在秦人出现的时机上，发现其与商、周交替之际周人为商人效劳的相似性。

---

① 《史记·秦本纪》：非子居犬丘，好马及畜，善养息之。犬丘人言之周孝王，孝王召使主马于汧渭之间，马大蕃息。……于是孝王曰："昔伯翳为舜主畜，畜多息，故有土，赐姓嬴。今其后世亦为朕息马，朕其分土为附庸。"邑之秦，使复续嬴氏祀，号曰秦嬴。

西周的崩塌 [1]

　　淮夷的叛乱远离渭河平原，对周人来说并不是最为棘手的难题。真正的敌人来自陇东及宁夏平原的犬戎，因为这里距离周人核心区域的最近处只有一百多公里。而且，未来有关"长城"的防御构想，是当时周人的生产能力所不能实现的。

　　西周后期的获马策略由两方面组成。一是通过武力方式"孚马"。比如周夷王时"命虢公率六师，伐太原之戎，至于俞泉，获马千匹"，或者如夷王的叔父周孝王"（元年）命申侯伐西戎；五年，西戎来献马" [2]。这些被征伐者的"献马"显然并不情愿，并且他们的反抗会随着周人"孚马"频率的上升，同步加剧。

　　二是雇人养马。周人很快从"来献马"的西戎之中，提拔了善于牧马的秦人，这一过程给秦人提供了发展的契机。随着控制马匹专营的权利，经济收入的增长，秦人的人口和社会组织都得到了大幅的提升。这一变化使其在社会等级地位上升的同时，还获得一项更重要的军事权力。

　　与犬戎的频繁冲突极大挑战了西周的社会稳定，而让经济上依

---

　① 　由《四夷居中国》第三章（3.9—3.10 节）概括。
　② 　《竹书纪年》。

附于周人的新晋盟友替代周师出兵，这对陷入东、西两线作战的"王师"来说，提供了难得的喘息机会。为了让盟友们产生更多的认同感和积极性，周人一方面不断用爵位的提升作为战功的表彰，另一方面还通过婚姻方式，巩固双方之间的关系。比如，《竹书纪年》载，周宣王三十九年，"王征申戎，破之"。宣王击破申戎之后，不仅为儿子娶了申侯之女，还将申戎群体纳入了周人的战斗序列。这些新近臣服周王的人群不可避免地要为周人履行重要的军事职责。也就是说，申侯极有可能是在周王点燃烽火后最有义务出兵勤王的诸侯之一。

婚姻如同爵位，两者都对盟友的作战动力起到激励和警示作用。胜利可以巩固女方子嗣在王位继承权上的顺位，而战败或拒绝出兵，则将威胁到继承权本身。长久以来，这项策略一直对周人的胜利和社会的稳定起到了积极作用。根据记载，羌方首领吕尚（齐国的建立者）和周文王、武王结盟，并伐商成功，就是其最成功的一例。但是，这一策略在周王朝的对外关系转攻为守之际，就对社会的基础造成了冲击。

在面对犬戎的挑战时，新近归附的申侯和秦人构成了西周最后的边防主力。只是在频繁出兵的压力之下，难免百密一疏。因此西周最后的"烽火戏诸侯"故事背后，并不是简单的争宠和夺嫡。这个深刻的故事一方面告诉我们幽王曾经多次面临北境之敌逼境的困境，另一方面也透露了勤王诸侯的奔波劳顿。作为幽王的舅族，在频繁的"戎警"下具有当仁不让义务的申侯，可能肩负了诸侯中最繁重的防守任务。当申人和秦人一而再、再而三地为周王履行出勤护驾重任时，出现疲惫或不满情绪在所难免。

然而，站在周人的立场上，作为"天下共主"的周王，对诸侯的违逆自然不能坐视不理。周幽王对于不履行职责或防守失败的申侯，采取了最直接的惩罚——取消其女儿和外孙在王室中的地位。至于我们以往知悉的改立褒姒母子为元妃、適子，恰恰就是取消申侯女、孙地位的部分结果，而非原因。

既然辛勤王事未获奖掖，稍有松弛便遭苛责，那么申侯和西戎中的秦人一并放纵犬戎入镐也就情有可原。从更大的角度看，这场杀死了周幽王和忠于职守的王叔（司徒郑桓公）的灾难，也许不怪幽王失信，亦不怨诸侯疲惫。唯一需要对此负责的是，西周在东、西两个战场上树立的多个敌人，极大耗尽了周人的社会生产之基。

继承人们

周幽王死后，他的反对者控制了朝廷的权力中枢。申侯、秦人拥立与申侯有着亲属关系的前太子宜臼为周平王。前770年，在晋文侯的主持下，"卫侯、郑伯、秦伯，以师从王入于成周"[①]，完成了"平王东迁"，标志着东周的开始。

这时的郑伯已经是郑桓公之子武公（名掘突）了。他也将和申侯结为姻亲，并在周平王朝中继续担任卿士要职。虽然郑武公的父亲在犬戎陷镐之役中站在了幽王（而非申侯）的一边，但周平王依然有理由感谢这位叔祖为周室作出的贡献。

首先，郑桓公接受了宣王的指示，在更早的时候就开始了成周的完善经营工作，为平王提供了一处可供迁居的新都。作为王室的股肱，率先迁移的郑国也在洛邑东部为新迁的周王室扫清了阻碍，确定了边界，还将在未来相当一段时间里充当"周室之矛"的角色。其次，在郑桓公和武公的努力下，周王的六师似乎也得到了极大的保全和重建；这支周王室各支共用的军事力量，将在东周之初，开启各国间新的历史。

---

① 《竹书纪年》。

主持"东迁"大业、为周室续存作出贡献的晋文侯，则得到了象征巨大权力的"秬一卣鬯，彤弓一，彤矢百，卢弓一，卢矢百，马四匹"。后来晋文侯果然杀死了虢公翰所立的另一位周携王，结束了东周初期"二王并立"的局面。（但这并没有影响虢公在周室中的重要性。）如果不是郑国东扩后对黄淮中下游国家的冲击，晋国的"称霸"时间本该先于齐国。当然，在秦国的助推下，晋国的崛起也只是稍晚了一点点，这一切将由晋文侯弟弟的后代来实现。而卫侯则会因为夹在晋国和齐国之间，成为诸侯"霸业"的见证者。

始终站在申侯和周平王一侧的秦人，得到了最大的实惠。他们从为周人牧马部落起家的历程有了新的起点。秦襄公因拥立之功得到了"伯"的爵位，从此撇清了与西戎的联系，正式成为列侯之一；还从周平王那里获得了"戎无道，侵夺我岐、丰之地，秦能攻逐戎，即有其地"[1]的重要授权，开始了向东逐戎的征程。更重要的是，秦人养马的传统被延续下来。这项事业将随着东周列国之间日趋频繁的战争，在伯乐、九方皋这些传说中的相马者身上得以体现，并且让秦国向东的进程渐渐提速。

楚国没有出现在护送平王东迁的名单中。但是《国语·郑语》就"周人东迁"一事的最后写道，"楚蚡冒于是乎始启濮"，交代了楚国在东周开始时的动态。其实《史记·楚世家》中对楚国的境况交代得更多，早在周夷王时期，楚王熊渠就已经"兴兵伐庸、杨粤，至于鄂"，从秦岭东部的淅川地区，沿着汉水挺进到了长江流域。结

---

[1] 《史记·秦本纪》。

合夷王"命虢公率六师，伐太原之戎，至于俞泉，获马千匹"，以及他的儿子厉王出动西六师、殷八师"扑伐鄂侯驭方，勿遗寿幼"①，打击叛乱的淮夷领袖来看，楚国实是周人"北索良马，南求铜料"事业上另一个重要的环节。

周人更早先从西戎中选择秦人作为固定的马匹供应者，这一策略对其西部边境安全产生了积极的效果。有鉴于此，当周人东征打击反叛的铜料提供者后，当地的铜矿生产亦渐由从秦岭腹地东迁江汉②的楚人掌控（有限的传说则暗示③，楚人曾积极参与了周人在东部的军事行动）。周宣王时《楚公逆编钟铭文》证明，属于淮夷的四方首领向楚公进献了"九万钧"铜料，铸钟"百肆"④。这一切，除了为楚国的向东发展创造天然的便利外，还将对长江下游的人群产生深远的影响。

不管怎样，郑、晋、秦和楚国，都从周人东迁这一事件中得到了属于自己的契机。如果我们要在其中寻找一个共同点的话，或许可以发现，他们都在某种程度上，向东迈出了不小的一步。

---

① 中国社会科学院考古研究所编：《殷周金文集成释文》（第二卷），第404页。

② 周宏伟：《楚人源于关中平原新证——以清华简〈楚居〉相关地名的考释为中心》，《中国历史地理论丛》，2012（02）。

③ 《韩非子·五蠹》：荆文王恐其害己也，举兵伐徐，遂灭之。又，《后汉书·东夷列传》：（周穆王）乃使造父御以告楚，令伐徐。

④ 中国社会科学院考古研究所编：《殷周金文集成》（第一册），第94页。

周、郑第二

郑伯克段于鄢

从周平王东迁（前770年）到《春秋》起笔（前722年）的近五十年里，文献阙如。这一时期所发生的故事，需要依靠这部鲁国史书的记录向前逆推重建。东周之初，最显赫的国家莫如郑国，最强势的诸侯莫如郑庄公，不仅因为早期的郑伯都与周王室保持极为密切的联系，而且因为左丘明开篇便以"郑伯克段于鄢"作为《春秋左传》的第一则事迹。

公元前744年，曾经护送周平王东迁的郑武公去世，长子寤生即位为郑庄公。庄公在之后的四十多年中，一直以周室代言人的身份，占据着东周初期最重要的政治舞台。而这一多幕戏剧的序章，就由"郑伯克段于鄢"徐徐拉开大幕。郑庄公有一同母兄弟大叔段，颇得母亲武姜的偏爱，于是庄公即位伊始，便将兄弟封到了不亚于都城的京邑。二十二年后，大叔段谋反，"命西鄙、北鄙贰于"庄公。这一年是鲁隐公元年，即前722年，《春秋》开始有记录的一年。

郑国君主的家庭纠纷直接串联了东周之初的国际关系，并展现了郑国背后的推动力量。事件的进展可分为三个阶段。第一阶段直接明了：郑庄公在鄢地击败了谋反的大叔段，后者逃亡到黄河以北卫国境内的共地，改名为"共叔段"以后安顿了下来。其中还有一个插曲，因为母亲武姜支持主张分裂的弟弟，庄公发誓与母亲"不及黄泉，无相见也"，后来在大夫颍考叔的建议下，挖了一条能渗出地下水的隧道，才与武姜重见。这后来变成一个关于"孝道"的故事。

第二阶段，纠纷从郑庄公兄弟延续到了下一代人。大叔段之子公孙滑为父报仇，讨来卫国的救兵，"卫人为之伐郑，取廪延"。而庄公则迅速回应，"以王师、虢师伐卫南鄙"。《左传》没有记录这一仗的结果，在王师、虢师的威加之下，卫国应该是没有太大胜算；郑庄公再胜一局。

第三阶段仍与共叔段有关，而且从卫国延伸到了更东部的宋、陈等国。当时卫国君主卫桓公的异母兄弟州吁流亡在外，曾与共叔段结盟。州吁在郑国"伐卫南鄙"之后杀死了卫桓公，自立为卫君。他即位后第一件事，就为两年前郑国伐卫之事，联合"宋公、陈侯、蔡侯"共同伐郑，在郑国的东门外围了五天而还。这年秋天，州吁又率上述诸侯讨伐郑国，这次战绩稍胜一筹，打败了郑国的步兵，割了郑国的谷子。

作为周室近臣，郑庄公对"东门之役"明显不甘。一年后（前718年），郑国先去卫国寻仇，击败了卫国及其北邻燕国盟军。之后又借邾国和宋国的矛盾，"以王师会之，伐宋"。最后（前717年）是与陈国作战，"郑伯侵陈，大获"。甚至到前714、前712年时，郑伯还以宋殇公不朝周桓王为由两次伐宋。面对宋国的抵抗，郑庄公先以王左卿士的身份，"以王命讨之"，复又"以虢师伐宋……大败宋师"。至此，当年参与围郑东门的卫、宋、陈等国都遭郑国报复性入侵，且无一能敌。除了为首的卫国经历政局动荡，宋国也因郑国东压，"十年十一战，民不堪命"①，发生臣下弑君事件。至于更东面的齐、鲁之君也概莫能外，同样遭遇弑杀，这是后话。

在这几番战事中屡战屡胜的郑庄公并不罢手，还打着周天子的旗号，以莫须有的"许不共（贡）"罪名，和齐僖公、鲁隐公联手，东西夹攻许国（前712年）。值得注意的是，郑国侵许后，"郑伯使许大夫百里奉许叔以居许东偏"，又使郑国大夫"公孙获处许西偏"②，占据了许国大半国土，导致了许国核心人群的整体东移。

从前722年到前712年的十一年中，郑庄公东胜卫、宋，侵吞许国，成功将"叔段之乱"引起的动荡，彻底扭转为一段开疆胜绩。然而，郑国短暂的全盛时代在侵许的同年稍晚，就很快盛极而衰。当周桓王用原在成周境内、小国苏子国不易经营的"温、原、絺、樊……"等十二地（位于黄河以北南太行济水流域），换取郑国靠近成周洛邑的"邬、刘、蒍、邘"四地时，周、郑之间的嫌隙也逐渐从暗中走向了全面公开化③。

随着前707年，周桓王"夺郑伯政，郑伯不朝"，郑庄公的事业遭遇最大挫败。周桓王与虢公林父、周公黑肩（亦即周桓公，诸侯国周国的君主）并肩作战，率领蔡人、卫人和陈人合攻郑国，但为郑国所败。混战中，郑国大将祝聃甚至射中了周桓王的肩膀，令天子颜面全无。但是，这对郑庄公及郑国而言，也未增半点荣誉。

---

① 《左传·桓公二年》。
② 《左传·隐公十一年》。
③ 《左传·隐公十二年》。

与王室彻底破裂的六年后，曾经的"（周）王左卿士"、王师指挥者、周室股肱之臣郑庄公便黯然辞世。一度发生在卫、宋、齐、鲁身上的权臣弑君大戏也在郑国上演。当庄公的子嗣们在宋、齐的操纵下频繁交替执政，令郑国跌落为二流国家之时，他们也许会怀念当初那段为王室驱策的岁月。

王师为用

从郑庄公势压卫、宋，驱动齐、鲁的一连串军事行动中，我们可以明确地看到，郑国之所以在东周之初，兵锋所指，无人可当，是因为除了本国的郑师外，还有两支部队一直与郑为伍。接下来，可以通过郑国与王室分裂之前历次作战的部队配置，揭示使其在很长时间里立于不败之地的背后力量。

表2.1　郑国早期军事行动汇总简表

年份	郑国军事行动	目的国	《左传》年号
前 722 年	郑人以王师、虢师伐卫南鄙。	卫国	隐公元年
前 718 年	郑人以王师会之，伐宋，入其郛。	宋国	隐公五年
前 717 年	郑伯侵陈，大获。	陈国	隐公六年
前 714 年	郑伯为王左卿士，以王命讨之，伐宋。	宋国	隐公九年
前 712 年	公会齐侯、郑伯伐许。	许国	隐公十一年
前 712 年	郑伯以虢师伐宋，壬戌，大败宋师。	宋国	隐公十一年

毫无疑问，郑伯不是一个人在战斗。他在面对东部诸国时，除了本国的郑师外，还有"王师、虢师"的协助。换个角度看，这三支部队，也是周王东迁后郑伯可以直接控制的军事力量。然而，且

不论"王师"自前717年之后就不再出现在郑师之侧,"虢师"最后一次为郑效命,也终结于前712年。到前707年时,这两支队伍就与周王一同站在了郑师的对立面。厘清这三支部队之间的纠葛,就足以勾勒出东周初期的历史框架。

从西周末年和东周初期的局势来看,周室东迁前后,分别从渭河平原携带两个国家随行。一个是郑国,另一个就是"虢师"的所有者,虢国。这两国的诸侯都和周王室有着密切的亲缘关系,并且都在周室共担最高职务,因此,两国的事迹在很大程度上反映了平王东迁之后周人的实际境遇及其应对方式。

"两周"的历史上,一共建立过五个虢国[①],但真正有存在感的只有两个,分别是西虢国和南虢国。西虢国原在关中平原西部的宝鸡,控制着陇东盆地连接关中的西大门,这里曾是周人(宗周)交通西戎、犬戎的要津。西虢国后随平王一同东迁,来到了河南三门峡地区,占据了小国"东虢"的位置——这里是历史上的陕县,意为黄河中游最狭处——依旧位于成周的西部,这时它就被称为南虢。另一说法认为,西虢在周宣、幽王时已经东迁[②]。其实,结合郑国的经历来说,这两种说法同时成立,西虢和郑国一样,在宣王时已经受命东迁,而其主体人群则是随着周平王入主宗周而最终就位。

虢国的虢公翰曾在平王初立时,于镐京的焦土上拥立过幽王的兄弟即位为周携王,但随着周平王二十一年(前750年),晋文侯杀

---

① 蔡运章:《虢国的分封与五个虢国的历史纠葛——三门峡虢国墓地研究之三》,《中原文物》,1996(02)。

② 马世之:《虢国史迹试探》,《中州学刊》,1994(06)。

携王，而结束了在渭河流域的活动。此后的虢君都主要活动于成周或三门峡的封国，这里同样位于成周的西大门位置，把被西戎、犬戎占据的关中平原和周王隔开，堪称"王室之盾"。

相对而言，位于成周东面的郑国，则拥有了"王室之矛"的地位。一如"陕"和"郑"这两个会意字中，代表城邑的"阝"所处的位置，可以这么说，基本上是东郑、西虢国共同夹卫周王室于南嵩山、北黄河之间的安全位置。郑国和虢国君主也因此在周王室中担任辅弼重任，其中虢公的亲缘相比郑伯还要疏远一些①，且有拥立携王的旧迹，所以周王室的主要军政大权都掌握在郑国的手中。郑伯的一举一动，实际代表了周王的意志。因此，由郑伯作为王师、虢师和郑师的统帅，就显得理所当然了。

然后问题也随之出现，虢国、成周、郑国现在的位置，原先只有东虢和郐国这样的小国。东虢的北面隔着黄河到太行山都是卫国的土地，这是周公旦的弟弟康叔的封国。郐国东边是宋国，这是商朝后裔的国家；宋国再东边就是鲁国和齐国。东虢国南面的蔡国是过去周人"三监"之一蔡叔的国家，是周公另一个弟弟的封国。东南面是淮水上的陈国，是个不大不小的古国。它们在西周的历史上领土都已经确定。虽说这几个国家之间总有些虚虚实实的隙地，对于东虢这样无欲无求的小国也就罢了，但随着周王室以及与其密切关联的虢、郑从天而降，明显是不够的。

尤其是对于周天子的股肱郑国来说，虢、郐的寸土明显与其大

---

① 《左传·隐公八年》：虢公忌父始作卿士于周。

国地位不相吻合。年轻的郑国掌控着"成周之众",又夹在卫国、宋国、蔡国和陈国的腰腹之间,别国的封地是数百年前就已经基本稳定的,周王在成周的领地有限,所以郑国作为"王室之矛",不但要为本国扩张领土,还要肩负着为周王扩大势力范围、政治影响力的重任。因此,我们在郑国身上就能发现周人在东迁之后的头半个世纪中所面临的问题:国土严重不足。

周、郑一体

当我们将周与郑、虢视为一个人群共同体后，再看"郑伯克段于鄢"及其后续引发的人群互动的三个阶段，就能从中觅得不少新意。传统上看，周人讲求分封，每一个周王的子弟原则上都有封地。后来诸王封国有限，封地还是有的，比如王子多父作为周厉王之子、宣王兄弟就有封地，加上郑桓公自身努力，还有国于成周以东。但是，当新近东迁、还在夹缝中拓展的郑国想要延续这一文化制度时，就遭遇了现实的瓶颈。

过去周室地广，每个王子可以依照旧例分得独立的土地，但这套文化法则显然无法适用于眼下的郑国。当郑庄公遵照母亲的意思，将本来就不大的国土，分给亲弟大叔段后，就面临疆域锐减、实力减半的窘况。大叔段所采取"命西鄙、北鄙贰于"庄公的行为，只是过去郑桓公时代将封地转为封国的再现，但在这个国土日渐逼仄的时代，则被表述为"叛乱"和"谋反"。"郑伯克段"客观上避免了刚成规模的郑国再复缩小的局面，真实反映了春秋初期郑国狭小的状况。至于"掘地见母"的插曲，即便当作戏谈，似乎也能让人从中感觉到郑国地表面积不广，容不下有不同政见的母子，只能向地表之下开拓空间——不怪郑伯无情，只怨郑国地狭。

郑庄公的"无情"并非他所独有，这种"无情"在其父亲郑武公身上已经有所体现。前763年（郑武公八年），也就是郑国东迁不久，郑国就曾攻取胡国。当时，郑武公将女儿嫁给胡君，结果趁此姻亲之国不备，"郑人袭胡，取之"①。从方位来看，胡国是郑国东南方的小国，袭胡取地之后，郑就和更大的蔡国接壤，预示着更大纠纷的开始。当然郑国没有灭胡，只取了部分土地（胡国后来是被楚国并吞）；而且看得出来，这些土地也不很大，而郑国之后还将携"王师"卷入诸侯国间更大的土地纠纷。

虽然有关郑国的这两个事件，远不足以概括周人在东迁之后半个世纪中的情况，但已为东周的历史发展趋势奠定了基调。我们可以发现，周人东迁之后，并没有就此作罢，而是将由渭河平原开始的迁移浪潮继续沿着黄河向中游、下游推动。周、郑在成周的领土并不宽裕，以至于不得不拉下脸面，寸土必争地向本地诸侯略地，并打破了以往分封子弟采邑的文化规则。

《左传》等文献中大部分时候看到的是郑国活动，实际上正如之前所言，在"王室之矛"背后还有周室的身影：因为，一旦郑国东扩遇阻，身后为之压阵的"王师"便会亮出旗帜。从这个角度看，由"共叔段"父子所牵引的郑国东部国家的骚乱，恰好展现了周与虢、郑这个"三位一体"的周人共同体与"郑东"国家这两组上、下游人群在东、西方向的博弈关系与策略。

首先，郑国要拓地，不能侵犯西边的王土，只有向与其东鄙相

---

① 《韩非子·说难》。

邻的卫、宋、陈、蔡、曹，和南边的许国开拓。其次，与郑国相邻的这几个国家基于其自身的立场必然无法令郑国（及其背后的周室）如愿。他们一方面接纳郑国的反叛者，试图分裂、削弱郑国，打击其拓地企图，另一方面，又组织起多国联军，主动攻打郑国，试图通过这种方式拿回被郑占据的土地，维持西周末年的旧疆。这就使得"郑伯克段于鄢"之后，引发了卫、宋等国联合伐郑的后续结果。

由于郑师阵列中"王师""虢师"的存在，加上郑伯出征时还有另一个"（周）王左卿士"的身份，并常常以"王命讨之"，使得郑伯总是胜券在握。而东部各国对郑无能为力（只能围困东门、抢割谷物），在失败之后，只能默默让出西部的土地，向更东部的小国施压。东部小国（如邾国）不满受迫，又向郑告急，这就给了郑国继续东侵的借口①。到前715年，在齐国的主持下，郑国和卫国终于讲和，"郑伯克段于鄢"这一事件引发的结果终告一段落。然而，郑与卫盟，仅止于此；当年参与伐郑的还有陈、宋等国，报"东门之役"依然成为周、郑之师继续向东略地的借口。略地对象，还包括当年并未参战，但被贴上莫须有的"许不共（贡）"罪名的许国。

周、郑一体的另一个证据来自两国易田，此事就发生于郑国侵占许国大半领土之后。周桓王以黄河北的土地，交换郑国西部靠近王畿的土地，相当于扩大了王室的领地，而把郑国在空间上向东（原许国西部）、向北（黄河北）实现了推移。王畿的扩大，郑国的东扩，加上郑庄公所一并统帅的周师与虢师，种种迹象都表明，郑师威武

---

① 《左传·隐公五年》：宋人取邾田。邾人告于郑曰："请君释憾于宋，敝邑为道。"郑人以王师会之，伐宋，入其郛。

的背后，其实是周、郑之间联袂出演的一场攻略东土（并在内部重新分配）的大戏。

然而，作为"王室之矛"的郑国与背后不动声色的周室心中，却各有盘算。周王对郑伯长期免费动用"王师"，早有不满。而郑伯为王室驱策的积极性，则因此屡遭打击。这一切都在暗中酝酿着王室的分裂。

王室的分裂

周王和郑国之间明确可知的嫌隙，在周平王五十一年（前720年）便初现端倪。《左传·隐公三年》载，"王贰于虢，郑伯怨王"。郑伯和虢公同为周平王的股肱，在王室担任最重要的左、右卿士。"王贰于虢"引发郑伯不满，愈发显示出郑伯之前的权位之重。

周、郑的互不信任以一种悖论的形式表现出来：两者通过扣留对方的公子（王子）来表达一种互信。这种交往方式，为春秋战国时代所有那些无法信任对方的国家，提供了一种勉强维持互信的手段。但随着周平王在这一年三月的去世，周、郑君主之间脆弱的堂叔侄关系也随之碎裂，周室的大权全归虢公；而郑国则以"（四月）取温之麦"、"秋，又取成周之禾"作答①。

如果结合周平王四十九年（前722年）发生的事件来看，就不难发现周室和郑国之间出现裂隙的缘由——同样源自"郑伯克段于鄢"的后续事件。这一年十月，郑伯面对卫国的挑战时，曾"以王师、虢师伐卫南鄙"作为回应。王师和虢师维护的日常开销由周、虢负担，外出作战的威武却由郑伯独享。如此投入与回报无法相抵

---

① 《左传·隐公三年》。

的事体，实在怨不得"周、郑交恶"。而郑国取麦、取禾的举动，既是擅自取走出师所需粮草的负气之举，也像是对王室日趋气馁的一种嘲讽。

周、郑之间毕竟血浓于水。前717年冬，《左传》记载"京师来告饥"，鲁国出面为成周向"宋、卫、齐、郑"借粮救济。成周之所以面临饥荒，或许和上一年郑国因为邾国求救、"以王师会之，伐宋"有关。虽然即位不足四年的周桓王有意压制郑伯的势力，但郑伯依然有资格调动王师。只是眼下来看，动用王师所耗费的粮食、后勤支出日益扩大着周、郑间无法弥合的裂缝。

这年饥荒后，"郑伯如周"。这是郑伯在周桓王登基后首次入朝，但"王不礼焉"。对此，周桓公认为东周以来和王室最亲近的诸侯不应受此冷遇，并预言"郑不来矣"。接着，公元前712年，周桓王选择在郑国侵许之后，与郑易田。当周桓王像以往一样继续享受从郑伯那里新得的领土时，他或许忘记，周、郑之间早已因宫廷权力的分配和王师的使用权问题陷入矛盾重重。正是此次"桓王之失郑"[①]，为日后两者正式开衅埋下伏笔。

公元前707年，周桓王"夺郑伯政，郑伯不朝"。随后的一场大战标志着周、郑的彻底分裂，对阵的双方没有一个赢家。此次事件之后，虢国、郑国和周室三位一体的关系走向终点。尽管十多年前郑伯以王师伐宋之后，就被剥夺了"王师"的使用权，可依旧保留了"（周）王左卿士"的地位。此次的开战，便意味着永久取消了郑

---

① 《左传·隐公十一年》。

伯辅佐王室的资格。其原因固然有郑伯擅用虢师、王师为本国拓地牟利的因素，其实这些土地也有部分划归王室，个中根本原因还是因为周王畿内日渐地狭，实在不能承受郑伯屡次三番的奢侈师旅。从这个意义上讲，此战拉开了王师和王室在东周政治舞台上正式消隐的序幕。

回到郑国这边，郑庄公赢得了现在，却失去了未来。他在此战中力抗王师、虢师，力挫诸侯联军，为自己树立了权威，但也永远不再能使用周王的旗号和军队了，未来的道路只能自求多福。一方面，郑国在东部诸侯面前曾经的优势即将消失，很快会受到东扩带来的反噬（弑君）；另一方面，郑国失去了周室这个后盾，急需通过结盟的方式，为自己再寻强援（这句话对周室同样适用，毕竟天子不甘就此沉沦），哪怕这个外援散发着危险的气息[1]。

《左传·桓公六年》恰好记载，郑伯胜周王的第二年（前706年），就发生了"楚武王侵随"事件，预示着楚国和郑国很快会走向同盟。看来，一切都不是偶然。

---

[1] 《左传·桓公二年》：蔡侯、郑伯会于邓，始惧楚也。

被弑的君主们

现在我们可以从更宏观的角度审视周人东迁的影响：它从多个层面施加到了太行山以东、黄河下游平原人群的身上。首先，我们澄清了一个东周开端以来最重要的问题：周王室的影响力并未马上减退，而是以周、虢、郑这一人群共同体的形象屡屡出现在春秋之初的东亚舞台上。虽然郑国短暂的"挟天子以令诸侯"之旅，终结于前707年与周桓王的大战，但可以此逆推，从前770年周平王东迁之后，周人集团一直维持着，由郑伯领衔，率王师、虢师和郑师三军开拓成周以东土地，扩大王室疆域的行动。

随着向东突进的持续，周、郑与更东边卫、宋、陈、许等国之间的隙地逐渐消失。当这些国家的西鄙遭受削地时，他们就与郑国内部的分离势力结成了盟友，暗中策划对西部之敌的抵抗。尽管不能公开反对王室，但郑国并非不可动摇。于是，卫桓公率先举起反郑大旗，这需要卫地的"国人"提供战争所需的补给和徭役支持。卫侯屡败于王师、郑师，令不愿为其拼命的国人支持流亡的州吁杀死桓公，使其荣登"春秋三十六弑"①之榜。而州吁同样主张对郑作

---

① 《史记·太史公自序》：春秋之中，弑君三十六。

战，"未能和其民"①，最后也未能避免被弑的下场（他和西周厉王遭遇"国人暴动"的情况非常类似）。卫国的遭遇不仅见于《左传》，另有《诗》为证：击鼓其镗，踊跃用兵。土国城漕，我独南行。从孙子仲，平陈与宋。不我以归，忧心有忡……②

周、郑东进导致的诸侯国变动不限于卫国、许国，同样发生在宋国身上。和卫国一起进攻郑国的是宋殇公，为殇公主战的是司马孔父嘉，宋国太宰华督先杀孔父嘉，后杀殇公，然后迎回了受郑国支持的公子冯为宋庄公。虽然左丘明给华督弑君安上的罪名是贪图孔父嘉妻子的美色——当然，《左传》的特色之一，是给大部分诸侯国内结构性变化的事件，都安上了当事人放纵性欲的解释——但从与卫国发生的相似结果来看，倏然东扩的郑国，让猝不及防的宋国民众，同样担心"不我以归，忧心有忡"，将好战、滥征的罪责都推到了君主的身上，让宋殇公也成为"春秋三十六弑"之一。

孔父嘉有一个幼子，名叫木金父，与家人逃命到鲁国，他就是鲁国人孔子的五世祖。从宋国到鲁国，这是一条沿着黄河继续向东的路线。

周、郑的东进造成了卫、宋、陈、蔡等国的政局波动（后来的陈厉公也是郑国所立）。随着郑国被剥夺王师使用资格，曾经不敌的宋国便再蠢蠢欲动。很快，当郑庄公于前701年去世后，郑国的两位公子——公子忽（郑昭公）和公子突（郑厉公），在宋国背地支持下，开始竞逐郑庄公留下的位置，郑国东扩的势头就此偃息。六年后，

---

① 《左传·隐公四年》。
② 《诗经·邶风·击鼓》，这首诗反映了当时卫国戍卒的思归情绪。

郑昭公难逃被弑的命运，已经数不清他在被弑榜上排第几了。唯一可以让郑庄公瞑目的是，在他去世前一年，周桓王干预虢国内政，"以王师伐虢"[①]。此后，虢、郑、周的团结不复存在，文献不再有三军共同出击的记载（但虢、郑仍然是周王唯二可以驱策的嫡系）。分裂成三个群体的东迁周人集团，在资源、人口方面都无优势可言，将从第一波东周迁移的主角，变成后继浪潮的附属者。

倒是黄淮平原的诸侯国开始习惯了君主被弑与公子争位的刺激剧情。对周、郑企图不让寸土的诸国，因战争而加重了国民的负担；民众也因此归咎于诸侯——这种外部压力下，诸侯国内脆弱的关系，是大部分诸侯被弑的主因。在郑国的威慑下更换的新继承者通常要"服软"一些，他们通常都选择牺牲土地换取和平的策略，以维持政局的稳定。然而，失之西隅，收之东隅，当宋、陈等国位于西部的领土受郑国削弱时，他们更东面外围的小国，就难免受到大国政治的牺牲，比如邾、纪等鲁东小邑。

与这些过程保持一致的是，诸侯国内弑君内战中的牺牲者一方，也选择到相对更安全的国度定居，比如孔子祖先孔父嘉的一支后裔，就因此流入了鲁国；而在陈国内乱中逃亡的陈厉公次子公子完，则进入齐国避难。这位后来改名"田完"的陈国公子，就是日后"田氏代齐"故事主角的祖先，见第九章。（那些进入他国的流亡者，很容易被新国家征用为对抗西来之敌的御冲强援，从而积累起足够的

---

① 《左传·桓公十年》：虢仲谮其大夫詹父于王。詹父有辞，以王师伐虢。

军事、政治资本；由于这一趋势而僭取新国者，在古代文献①与本书后面的章节中会不断出现。）无论是孔父嘉子孙还是田完家族的迁移路线，都无独有偶地和周、郑迁移的方向保持一致：周、郑向东，宋、陈亦东。

另一方面，领土战争威胁下的诸侯纷纷拉起盟友，将原本无涉的国家拉入这场"压力传递"的"爆炸试验"中来。卫国向燕国求助，蔡国将要拉开楚国登场的序幕，宋国和陈国则向更东部的鲁国、齐国求援。当这些沿着黄河不断传递的压力最终汇聚于最下游时，来自齐国的反弹，将如同迎击巨浪的礁石一般，对西来之人给予当头一击。当然，齐国的崛起故事中，同样少不了那些被弑齐侯的身影。

---

① 《韩非子·说疑》：若夫齐田恒、宋子罕、鲁季孙意如、晋侨如、卫子南劲、郑太宰欣、楚白公、周单荼、燕子之，此九人者之为其臣也，皆朋党比周以事其君，隐正道而行私曲，上逼君，下乱治，援外以挠内，亲下以谋上，不难为也。……又曰：以今时之所闻，田成子取齐，司城子罕取宋，太宰欣取郑，单氏取周，易牙之取卫，韩、魏、赵三子分晋，此六人，臣之弑其君者也。

齐国第三

齐桓公的霸业

公元前651年，东周第六位君主周襄王即位次年，也是齐桓公在位的第三十五年。此时东周已经过去近一百二十年。是年，齐侯与鲁、宋、卫、郑、许、曹诸国在葵丘举行了会盟，这是齐桓公九次①约见诸侯中最为隆重的一次。新即位的周襄王也派周公忌父与会，赐予齐桓公祭庙所用的胙肉、主征伐的红漆弓矢和天子所用车马②，以对他带头支持襄王继位表示感谢。周王甚至允许齐侯不行跪拜礼，但齐桓公还是遵循了向周王使者跪拜的旧礼。

这次会盟是齐桓公三十多年"尊王攘夷"③事业的巅峰。他在会盟上以"天子禁令"④的形式，明确了各国间需要遵守的相互原则，其中前两条就规定，相邻国家间不应侵害、不应见死不救。而这就是他在过去的几十年中所奉行的"存亡继绝"基本原则的写照。

三十五年前，齐桓公还是一个几乎遇袭身亡的争位公子，种种机缘使他一步步成为周天子之下最有权威的诸侯，也将齐国从一个

---

① 《史记·齐太公世家》：兵车之会三，乘车之会六。九合诸侯，一匡天下。

② 《史记·齐太公世家》：周襄王使宰孔赐桓公文武胙、彤弓矢、大路，命无拜。

③ 《公羊传·僖公四年》：桓公救中国，而攘夷狄，卒怗荆，以此为王者之事也。

④ 《穀梁传·僖公九年》：壹明天子之禁，曰：毋雍泉、毋讫籴、毋易树子、毋以妾为妻、毋使妇人与国事。

（与卫、宋相仿）几乎沉沦于权臣弑君的国家，转变成为屈指可数的强国。这一方面离不开桓公与贤臣管仲的紧密合作，"以区区之齐在海滨，通货积财，富国强兵"①，另一方面也源自齐国在面临来自西部人群的压力时，顺势将其吸纳、夯实为自身实力的一步一个脚印的踏实行动。齐桓公在志得意满想要前往泰山封禅之际，曾将自己的成绩概括为："南伐至召陵，望熊山；北伐山戎、离枝、孤竹；西伐大夏，涉流沙；束马悬车登太行，至卑耳山而还。"②

这些事迹具体来看可以分为两个阶段。第一阶段，齐桓公早期，与"诸侯伐宋，齐请师于周"（前680年）和"败卫师，数之以王命，取赂而还"（前666年）。第二阶段，包括但不限于：伐山戎以救燕（前664年）；败狄救邢（前661年）；联合宋、曹之师败狄救邢，帮助邢国迁国（前659年）；帮助被狄人攻灭的卫国重新建国（前658年）；以及联合诸国伐蔡攻楚，与楚国盟于召陵（前656年），成功阻止后者东进之势。这两个阶段中，齐国先是以周师、凭王命与宋和卫作战；但之后通过结盟化敌为友，与宋、卫联合阻击更远方的敌人，避免了"南夷与北狄交，中国不绝若线"③的局面。

而齐侯之所以独得周襄王的青睐，除了上述事迹外，还由于昔日齐侯对襄王（为太子时）的鼎力支持，巩固了其在王室的地位。齐桓公曾在"止首之盟"上直接讨伐了半途逃离的郑国（因为这次会盟的宗旨就是为了确立太子地位），让他实至名归地享有了"尊

---

　① 《史记·管晏列传》。
　② 《史记·齐太公世家》。
　③ 《公羊传·僖公四年》。

王"之名，并完成了父亲齐僖公当年未完成的事业（仅仅试图以婚姻之盟拉近与周室集团中的郑昭公的距离①）。当然，种种迹象表明，齐桓公的殷勤王事并未赢得襄王父亲周惠王的满意，这点详见后文。

如果进一步留意，齐桓公在管仲协助下取得的所有成就还存有一个最大的共同点：都是对齐国西部事务的积极参与。以齐国的位置为中心，除山戎略偏西北一些外，无论宋、卫、郑等国，甚至包括周室，还是齐国视野中的南夷（楚国）与北狄（狄人），都位于齐国的西方。那么，齐桓公的所有事迹，无论是早期的与宋、卫交战，还是后期的救援诸国，裂土为亡国重建都城②，以及齐国本身的"富国强兵"之路，都有着基本一致的轨迹可循。

从上一章已知宋、卫的东移，事实上其压力源自他们背后的周、郑。而齐国在其强大过程中，却又屡次针对西面用兵，努力保存西部国家，似乎恰与周、郑东迁的潮流大相径庭。阻周向东，也与齐桓公大举的"尊王"旗号有所相悖。要从更客观的层面，弄清齐桓公和管仲真实的实践与意图，需要我们先把关注的视角重新回放到齐桓公一生中最危急的时刻，回到那个"不听国政，卑圣侮士"的时代。

---

① 《左传·桓公六年》：北戎伐齐，齐使乞师于郑。郑大子忽帅师救齐。……齐侯欲以文姜妻郑大子忽，大子忽辞。

② 《史记·齐太公世家》：齐率诸侯城楚丘而立卫君。

齐国始弱

　　齐国走到春秋舞台中央的过程，同样由一场弑君行动拉开序幕。前687年，齐桓公的兄弟齐襄公在位，委派大夫连称和管至父到葵丘（这是位于山东西部的另一处葵丘）驻守一年，约定第二年瓜熟时节，更替戍卒，所谓"及瓜而代"①。第二年时，齐侯并未履约，使两人怨恨。最后他们便联合齐襄公的堂兄弟公孙无知，杀死齐侯。但公孙无知又很快因为与臣属的旧怨而死，为后来的齐桓公登位创造了条件。

　　葵丘大致位于齐国西部②。从齐襄公的父亲齐僖公开始，齐国就多次与西部的郑国（获胜）、鲁国（战败）作战；还试图与郑庄公之子、后来的郑昭公联姻，但遭拒绝。到了齐襄公时代，也发生过多次与卫国、鲁国、郑国的作战。既然齐国的所有战事，都发生在西部边境，那么该区域的防守任务也显得最为棘手。当戍守任务逐渐成为常态，缺乏有效的管理，便使厌战情绪积蓄为一种致命伤害。因此，与其说是"不听国政，卑圣侮士……戎士冻馁，戎车待游车

① 　《史记·庄公八年》。
② 　葵丘的具体位置存在争议，比如杜预在《索隐》中认为"临淄西有地名葵丘"。但结合春秋史地看，葵丘当在齐国西部与中原诸国接壤的位置。

之裂，戎士待陈妾之余"①造成了齐襄公、公孙无知兄弟之死，不如说，是与卫、宋诸君一样，亡身于西敌连续压境、国民疲惫应战背景下的权臣弑君现象。

虽然齐国并不与郑国直接接壤，但由周、郑激起的迁移压力，最终对齐国的统治核心造成了冲击。齐襄公（或公孙无知）的继承者，原本将在公子纠与公子小白这两位宗室成员中产生。按照《史记·齐太公世家》的说法，栖身莒国的公子小白设计诈死，骗过了公子纠的谋士管仲，让身在鲁国的公子纠归国行迟，从而得以独占齐侯之位。即位后的齐桓公又通过计谋，让鲁国杀死了公子纠，把管仲接回了国内，担任主要的谋臣。

在《齐世家》的记载中，管仲用箭射中公子小白的带钩，误以为射死对手，所以使公子纠错过君位的说法，其实出自较晚成文的《管子》一书。事实上，更贴近史实的《左传》只提到"桓公自莒先入"，而鲁国要"伐齐，纳子纠"的行动，则遭遇败绩②。从另一个角度而论，齐国与（东南方位的）莒国由于实力悬殊，反而没有太多寸土必争的纠纷。而齐、鲁之间位于周、郑东压的路线之上，存在太多争夺的焦点。所以，选择受莒国支持的公子小白，要优于受鲁国支持的公子纠，因为后者可能会因庇护、拥立之功而向鲁国打开国门，有损齐国的疆域。这样的情形在春秋的历史上并不罕见，相反的案例可以参考下一章中的晋惠公与晋文公。

回到公子小白这边，他接手的齐国情况并不太好。他的两位兄

---

① 《国语·齐语》。
② 《左传·庄公九年》。

长（加上公子纠的话则是三位）都死于西鄙不宁引起的国内骚动。所以，他即位后的首要任务，便要扭转被西部国家东迫的局面，与鲁国作战。他即位的第二年（前684），齐、鲁之间便发生了著名的"长勺之战"。这场后来以"曹刿论战"闻名的战事，留下"一鼓作气，再而衰，三而竭"的名句，加上齐桓公后来的"称霸"，留给后人鲁国以弱胜强的印象。事实上，从齐僖公时代便被鲁国所败，以及管仲曾劝齐桓公，"欲发小兵以服大兵，内失吾众，诸侯设备"将使国家陷于危机[1]可见，鲁国长期扮演了攻击齐国项背的"蜂螫"[2]角色。可以说，齐国在长勺之战之中的失利，只是实力使然。

因此，种种情形都一致表明，齐桓公所继承的齐国，其实潜伏着各种危机。与之接壤的卫国、鲁国都在东进，使其西鄙不得安定；北面的山戎、狄人不知何时就会逼境，总让人不得分神。好的消息则是，作为黄河最下游入海口和大陆最东端的国家，齐国的人口在流民的涌入下正在稳步增长。另外，齐桓公刚得到的谋臣管仲也从这些增长的人口中看到了利好的一面，并即将从这些变化中，开发出社会扩容的红利。

---

① 《管子·大匡》。
② 《管子·轻重戊》。

管仲的对策

即位之初，便遭遇长勺之战的失败，让齐桓公终于痛定思痛，始向管仲询问实现强国的方略。管仲回答："公轻其税敛，则人不忧饥；缓其刑政，则人不惧死；举事以时，则人不伤劳。"[①] 这句颇具后来儒家风格的话可以概括为：减轻赋税、减少刑罚，以及避免在农忙时节大规模动用民力，以此确保农业收成不受影响。

且不论此话实有杜撰之嫌，这一对策其实与齐桓公的需求并不切合。减少税收便难以维持日渐浩繁的军费开支；同样，节省民力，则意味着无法全天候地征调徭役和军役，为不期而至的征伐随时待命。好在《管子·霸形》回应了我们的疑惑，在这段对话的结尾为这道治国难题给出了一剂良方："行此数年，而民归之如流水"——当减税、息民政策执行多年后，齐国则会获得各国民众的青睐。是那些如过江之鲫的外来人口，为齐国带来了充足的人力资源，奠定了齐国强盛的基础。

只是，齐侯根本等不到"行此数年"。齐国长勺战败是这年的正月，年末十月的时候，桓公又兴师动众，"齐师灭谭，谭子奔莒"[②]。

---

① 《管子·霸形》。
② 《左传·庄公十年》。

三年后（前681年）的春季，齐国又灭遂国。后一年（前680年）的春季还讨伐了宋国。在此期间，他还在前681年的北杏之会上，第一次与宋、陈、蔡、邾四国诸侯进行了会盟；同年，又会鲁君于柯。综合起来，不管齐国有没有轻敛缓政，从其作战、会盟的时间和频率上看，齐桓公在遵守农时、节省民力方面并不尽心。

其实，我们只要把"民归之如流水"和"轻敛缓政"的为政方针的顺序互换，文献中所有的矛盾之处都可迎刃而解。当越来越多的西部诸国民众进入齐境，就能短期内为齐国积聚最重要的人力资源。当可供征税的人员足够多时，即使减少平摊在每人头上的税收，也不会降低国家的总体收入。当人员足够充足时，执政者就不必担心缺乏轮戍的人员更替，也就不会出现"葵丘瓜代"那样的事件；同时也可以在短期内多次征兵作战，而毋需为田园的管理发愁。只不过在很多时候，人口增长与政策回应往往连接紧密，使人无法区分两者之间的时序、因果关系。

因此，对于管仲来说，唯一要做的，就是尽快把这些充裕的人口资源有效地组织、调动起来。首先，使入齐之人按"士农工商四民"[1]的基本分类各司其职。其次，"连五家之兵，设轻重鱼盐之利"[2]，在兵

---

① 《管子·小匡》：士农工商四民者，国之石民也，不可使杂处，杂处则其言哤，其事乱。是故圣王之处士必于闲燕，处农必就田野，处工必就官府，处商必就市井。

② 《史记·齐太公世家》。

源（五家农户出一兵，或一"暴"①供给兵车一乘及其附属）和军费（从"轻重鱼盐"中获利的商业税）之间实现了有机的结合。据《管子·乘马》估算，当时出动一百辆兵车（及其附属战斗人员）一昼夜的花销为"黄金一镒"②，这大致相当于三十个商人一整年的纳税额③。于是，足够的农业人口与发达的商业流通，为齐国由弱变强注入了根本动力。

不过，值得注意的是，一方面，军事和经济上的良性循环，确保了齐桓公在针对西部国家作战和会盟时的竞争力，取得"九合诸侯"的成果；另一方面，齐国独特的地缘政治特征，则决定了齐国军事活动的基本原则。后人归纳管仲的军政思想："贫民、伤财，莫大于兵；危国、忧主，莫速于兵。"④既然战争会导致劳民伤财，是国家富强的大敌，那么最好的办法莫过于"守胜"⑤，也就是以强大的防守威慑敌方，取得不战而胜的效果，其次则是以优势兵力，一战而胜之⑥。

---

① 《管子·乘马》："方六里，为一乘之地也；一乘者，四马也；一马，其甲七，其蔽五；四乘，其甲二十有八，其蔽二十，白徒三十人奉车两。"按此规定，齐国土地产出的最小单位为"一里"，所谓"方一里，九夫之田也"。而这个单位的六倍，"六里见方的土地"，则成为一个"暴"。一"暴"的生产者和产出可以供给兵车一乘及其附属。按照一乘配备四马的标准，一匹马配备七名甲士、五名盾手的基本配置，一"暴"为出征所作出的贡献，就包括一辆四匹马拉的战车，和二十八名甲士、二十名盾手，以及三十个从事支应的民夫。

② 《管子·乘马》：黄金一镒，百乘一宿之尽也。

③ 《管子·乘马》：其商苟在市者三十人，其正月十二月，黄金一镒，命之曰正分。

④ 《管子·法法》。

⑤ 《管子·兵法》：无守也，故能守胜。（原注：无守，谓不守一数，故能常守其胜也。）数战则士罢，数胜则君骄，夫以骄君使罢民，则国安得而无危？

⑥ 《管子·兵法》：故至善不战，其次一之。破大胜强，一之至也。

因此，细究管仲的军事策略，只有实用主义的战法[1]，却没有攻城略地的长期战略。一言以蔽之，都是基于当前局势的被迫之举。所有的备战动机都只试图让齐国（及外围周边）在西部压力之下，保持完整，维护现状。而正是这一保守、防守思路决定了齐国的未来，并对之后所有东周兵（法）家产生了最深刻的影响。

---

[1] 《管子·兵法》：不能致器者，不能利适；不能尽教者，不能用敌。按：利，胜过；适，与敌同。

尊王乎？攘夷乎？

回到前651年的葵丘会盟，新即位的周襄王也派周公忌父携带礼物对齐桓公表示了祝贺。如果从前680年，齐桓公即位初期，有请周师一同伐宋开始算起，这已经是他打着"尊王"旗号的第三十个年头了。当然，齐桓公的尊王事业也并非始终一帆风顺，比如，他在几年前襄王之父周惠王在世时，便几乎遭遇重大挫折。

前655年，齐桓公挟上一年率八国与楚国对峙于召陵，最后双方结盟撤兵的余威，再次召开诸侯会盟，这次地点换成了宋国的首止。与会者还是上年的八国，没有楚国，多了周惠王的太子。此次会盟的意图在于支持太子姬郑，巩固其在王室中的合法继承权，因为周惠王正有更换储君的意图；而齐桓公支持太子之举，事实上违背了周王的意愿。按照《左传·僖公五年》的记载，周惠王也不愿齐国如意，故要求其他七国中与齐国关系最密切的郑国"逃盟"，并给出了"吾抚女以从楚，辅之以晋，可以少安"的条件。郑文公"喜于王命"。

虽然最后如愿的还是齐国（三年后，郑国先杀大夫申侯"以说于齐"①，后在齐国威逼下，"郑伯乞盟"，参加洮地会盟），但从周惠王的视角可以看出，与周、郑有着共同目标的首先是楚国，其次是晋国，唯独不是"尊王攘夷"的齐国。

从更大的趋势看，一切便可一目了然。齐国所"尊"的是未来的襄王之周，而非眼下的惠王之周。自从以周、郑、虢为核心的东迁周人核心群体分裂后，以齐国为代表的东部人群便借着西部人口大量流入的契机，在东、西角逐中逐渐占据上风，成为抵抗的主力。齐桓公"北伐山戎、离枝、孤竹，西伐大夏，涉流沙"，尽管无意向西扩张，但其号召黄河下游诸国努力维护既往的疆域，哪怕裂土，也要在本国西部外围用残破的杞国、邢国、卫国设置一排屏障，事实上抵消了周、郑东扩以来一个多世纪中所作的种种开拓尝试。

至于周、郑这边，分裂导致实力下滑，东扩遇阻，拓地乏力。到周惠王时，只能从畿内贵族的手中夺地②。想要继续求得发展的空间，便需要求助外援。这些外援来源复杂，既包括楚国、晋国（晋国社会本身也在秦逐诸戎的背景下，变得更加多元），甚至也可以来自齐国眼中的"夷狄"一边（周襄王本人就为借重狄人之力，娶狄女隗氏为后③）；这些外来因素对中原诸国产生的深远影响，我们将在后面的章节一一谈到。但他们最大的共同点就是和周人的东迁保持了一致方向。很难说，楚、晋在多大程度上听命于周王的调遣，只是他们此时有着共同的走向而已。

---

① 《左传·庄公七年》。
② 《左传·庄公十九年》：及惠王即位，取蒍国之圃以为囿；边伯之宫近于王宫，王取之。王夺子禽、祝跪与詹父田，而收膳夫之秩。
③ 《左传·僖公二十四年》：王德狄人，将以其女为后。

葵丘会盟之后，代表周襄王前去致礼的周公忌父（宰孔）遇到了迟会的晋献公，留下一段话："可无会也。齐侯不务德而勤远略，故北伐山戎，南伐楚，西为此会也，东略之不知，西则否矣。其在乱乎？君务靖乱，无勤于行。"[1]晋献公于是返回晋国。我们不知周公是否因"齐国以西将无战事"而感宽慰，但就"齐侯不务德而勤远略"而言，一位"务德而不勤于远略"，纵容晋、楚辅佐周王和郑文公向东突进的齐侯，或许更符合周王的实际利益。至少，站在鲁国史官的立场上，周人之"德"显然不同于齐侯之"德"。

回看葵丘会盟上的齐桓公，俨然从一位一呼百应的盟主，变成了一位与众貌合神离的"孤胆英雄"。不管怎样，依靠管仲和诸位齐国大夫的努力，齐桓公成为这场博弈实质上的胜利者。通过扶植一位亲齐国的周襄王，齐国从道义和军事实力两方面，尽可能地阻止了周、郑东进的势头。当周襄王于前651年，赐予齐桓公"文武胙、彤弓矢、大路"时，则几乎等同于接受了他父亲周惠王及祖辈东进计划失败的结果。

---

① 《左传·僖公九年》。

区区之齐在海滨

前645年，管仲去世。两年后（前643年）齐桓公也去世了，死后诸子争位，无人敛尸两月余，终于入葬。这时距离齐桓公一生中最盛大的葵丘会盟（前651年）只过去了八年。齐桓公诸子在随后的近半个世纪中轮流登位，最后一个是避居卫国的公子元，即位为齐惠公。伴随着五子争位的过程，齐国走向衰落。

在齐桓公诸子争立的关键时刻，早前迁齐的卫公子开方的身影始终闪现。而来自陈国的公子完的后代，则不断取得家族实力和政治地位的提升，注定他们日后将成为"田氏代齐"的主角。这些西来的人口，曾一度给齐国带来迈向强国的关键助推力。

在周、郑东迁初期的一个世纪中，齐国尽享"民归之如流水"的人口红利。除了公子开方外，来自卫国的牛贩宁戚成为齐国的大司田，掌管"垦草入邑，辟土聚粟多众，尽地之利"诸事①。入齐避难的陈公子完，最初则被齐桓公授予工正之职②，管理百工，使齐国货物行销各国，"齐冠带衣履天下"③。这些不断东迁之人，还为齐国

---

① 《管子·小匡》。
② 《史记·田敬仲完世家》。
③ 《史记·货殖列传》。

带来不绝的财富。齐人用"工雕文梓器"（加工木器）便可以换取"天下之五谷"①。而在"石璧谋"的传说中更可见到"天下诸侯载黄金、珠玉、五谷、文采、布泉，输齐以收石璧。石璧流而之天下，天下财物流而之齐"②的盛况。

人口和财富的流入，使齐国积累了抗衡西部的资本。齐桓公通过九次会盟，不但结成了东部国家的抵抗体系，"北伐山戎，南伐楚"，还以"尊王"之名，将周、郑的南北盟友化解于无形。尊王攘夷，是齐桓公与管仲事业中最显著的标签。可从齐国的所有行动及其收效看，事实上是站在了"尊王"的对立面。齐桓公作为一个旧秩序的积极维护者，努力阻止了周王东迁以来中原各国之间的疆域调整（真正意义上的尊王，应该是削己国，以倍周疆）；还隔断了楚国、晋国为周王室提供助力的可能（打着"攘夷"的名义）。结果，则是尽最大可能维护了齐国的疆域完整。

不可否认，《管子》一书所载事迹与谋略大半出自后人之笔，其中杂糅了东周后期诸子思想，对还原当时齐国社会、人口结构的变迁存在一定障碍。尽管如此，齐桓公和管仲的事迹至少给后人留下了怀想与启发的空间——一个努力维护旧秩序的成功榜样——为未来的孔子和儒家学说提供了最重要的参照。

管仲留下的富国强兵实践，将在维持"旧法"还是提出"新法"这两个维度继续深启后人。当然，"以区区之齐在海滨，通货积财，富国强兵"，既是对管仲功绩的客观评价，同时，也道出了齐国地理

---

① 《管子·山至数》。
② 《管子·轻重丁》。

局限对其命运的影响:"区区之齐在海滨",富裕可求,但扩张领土的可能性甚微,而且还不得不承受人流之潮带来的持续冲击。

齐桓公之后,周、郑近东的宋国曾短暂接过了抵抗西部人群的大旗。随着宋襄公在泓水之战中被楚成王所败,中原的盟主便从东部国家转入西部(晋国、楚国),这无疑暴露了东部"区区之齐"在西部人群迁移浪潮面前的局限一面。"楚有汝、汉之金,齐有渠展之盐"①,齐国幸好拥有煮盐之利;而夹在"秦篝齐缕"②中的楚国,还会推动江、淮下游人群的北迁,为齐国带来两次短暂的复兴,分别表现为齐景公时的复强和"田氏代齐"后齐威王时的强盛。但是,这两次由外来人口迁移导致的富强,和齐桓公时期有着相似的路径——经历短暂强大后,再次遭遇后续多源人流的冲击。此后吸引"(民人)归之如流水"③的,已经不是曾经的那个齐国了。

另一方面,在齐桓公去世的那年,一个晋国的流亡公子带着随从翻越太行山,进入齐地。齐桓公生前予他妻室和车马,待他不薄;仿佛是对他父亲晋献公驱狄入邢、卫,成就齐国霸业的回馈。六年后,这位经历齐国内乱的流亡者,告别齐孝公,途经宋、楚,前往秦国。在那里,他即将开始另一段向东称霸之旅。

---

① 《管子·地数》。
② 《楚辞·招魂》。
③ 《左传·昭公三年》。

晋国第四

公子重耳的一生

公元前637年，即周襄王十五年，流亡的晋国公子重耳一行人匆匆离开了齐国，这时距离齐桓公去世已经过去六年。尽管文献将重耳的出行描述得非常仓促，但不能否认，有一种力量正推动他会成为晋国的君主；同样的力量也推动晋国取代齐国，成为春秋时代的第二位霸主。

十八年前，重耳曾为避晋献公的诸子争位，逃亡到母族所在的狄人部落中居住了十二年。六年前，因为被异母兄弟夷吾（晋惠公）派人追杀，与赵衰、魏犨等人翻越太行山，来到齐国定居①。在齐国的日子里，重耳先后经历了齐桓公之死，齐国的君位之争，以及得到宋襄公支持的齐孝公的即位，但这段时间仍被他视作人生中最安乐的日子。

公子重耳的命运在前637年突然有了转变，这时他已年届六十。是年去世的重要君主一共两位，一是在泓水之战中败于楚国的宋襄公，另一位则是重耳的兄弟晋惠公。晋惠公之子太子圉在惠公死前便已从羁留他的秦国逃回，即位为晋怀公。而太子圉刚走，

---

① 《左传·僖公二十三年》。

秦国便不远千里，招来身在齐国的重耳①。这一切并非一个巧合。重耳连续经过曹国、宋国、郑国和楚国，最后（不出意外地，经过武关道）由楚入秦，这一路上的遭遇为他日后的称霸行动提供了重要的依据。在秦国的支持下，重耳最终由陕西入晋，杀死侄子晋怀公，即位为晋文公。

登位后的晋文公连续出击，在第二年（前635年）就南下南太行，对陷入王室变乱的周襄王施以援手，接着还杀死了变乱的主导者王子带——这场变乱其实和晋国有着莫大的联系——取得了"尊王"的实质性进展。此后，他为了解救被楚国围困的宋国，先后攻击了楚国盟友卫国和曹国，将晋国疆域扩大到了太行山以东区域，而这无疑是以卫国西鄙的缩小为代价的。

终于，在即位后的第五年（前632年），晋国和楚国发生了不可避免的一战。这场"城濮之战"以晋国大胜、楚国大败而告终。这也为晋文公在随后的"践土之盟"上，会见鲁、齐、宋、蔡、郑等诸侯及周襄王，获得周天子所颁《文公之命》②，奠定了坚实的根基。正因为他在会盟上得到了象征周天子才能拥有的征伐大权的彤弓、彤矢等物，晋文公也成为后世公认的春秋时代的第二位霸主。

"践土之盟"后四年，也就是前628年，即晋侯位已九年的公子重耳去世。他在此期间仅取得了一次伐郑的胜利。虽然晋文公一生中的大部分时间都在流亡中度过，在位仅九年，而且也只是举行了

---

① 《史记·晋世家》：子圉之亡，秦怨之，乃求公子重耳，欲内之。
② 刘向《新序·善谋》。《史记·晋世家》为另一说，述周襄王授《文侯之命》于晋文公。本书文侯、文公两种说法皆采，不作判辨。

一次诸侯会盟，远不及齐桓公的"九合诸侯"，但他却成功地抓住了机会，以少敌多，成为春秋时代第二重要的人物。其中的传奇之处，抛开运气的因素，其实与我们之前几章试图揭示的人群迁移趋势有着颇为一致的联系。

祖上三代

公子重耳的命运从他的高祖开始便已奠定。他的高祖名公子成师，是与周幽王同时的晋文侯的亲兄弟。幽王死后，晋文侯是和秦襄公、郑武公一同护送平王的三家诸侯之一。这三家各有事迹，首先是郑武公，守护着周人的核心群体，率郑国、虢国一起东迁。周人迁到了过去的成周，郑人在其东，充当王室之矛，针对东部国家；虢人在其西，担当王室之盾，阻挡此前侵入镐京的戎人尾随。

其次则是秦襄公，《秦本纪》记录了周平王对秦人的期待，"戎无道，侵夺我岐、丰之地，秦能攻逐戎，即有其地"。秦襄公坚决贯彻平王的指示，死时"伐戎而至岐"（此事在《国语·郑语》中的另一种说法则是："秦景、襄于是乎取周土"）。

其三就是晋文侯，按照《竹书纪年》的记载，晋文侯曾杀死了虢公翰在渭水流域拥立的携王，结束了东周初期的二王并立局面。然而，受到周平王嘉奖[1]的他，似乎并没有得到更多的眷顾。

前750年，也就是晋文侯杀周携王的同一年，秦文公"以兵伐戎，戎败走。于是文公遂收周余民有之，地至岐，岐以东献之周"[2]。

---

① 《尚书·文侯之命》。

② 《史记·秦本纪》。

这时周、郑在位的，分别是周平王和郑武公。已知秦国初创时是位于渭河平原的西部，经过秦襄公、文公多次"伐戎"，秦国扩张所行的路线都是自西向东。而戎人败走亦当顺此方向，惟渭河平原向东的直接路线，已被周人派遣虢国于陕州的三门峡位置预先阻断。那么对于慌不择路的戎人来说，只有渡过黄河之后，向东北方向进入晋西南的晋国领地这唯一路径可走。

视角重新回到晋国这边，晋文侯去世后，其子即位为晋昭侯。而昭侯则于前745年把他的叔父，也就是晋文公的高祖父公子成师，封到了晋都翼城西面的曲沃（今天的闻喜一带）。于是，公子成师称为"曲沃桓叔"，《史记·晋世家》非常模糊地说了一句，曲沃桓叔"好德，晋国之众皆附焉"，稍后再议。据说此时大臣师服曾向晋昭侯表示曲沃的势力已经大过昭侯，后者不以为然。

在接下去的六十七年中，曲沃桓叔祖孙三代与晋文侯的后人共四代人多次展开厮杀，而且每次占据上风的都来自曲沃桓叔一系。最后，曲沃桓叔之孙曲沃武公不顾周王的武力干预，接连弑杀晋昭侯的后人晋哀侯、小子侯和晋侯缗，终于前679年，经周釐王首肯，获得晋侯之位，为晋武公。这一年里，齐桓公也恰好组织了与卫、郑、宋、陈四国的鄄地会盟[①]，首次完美处理了西部国家东倾后的格局调整，也即称霸。

至此，经过三四代人的拼杀，晋国的继嗣就从晋文侯的后裔转入文侯兄弟曲沃桓叔后代的手中。公子重耳的父亲晋献公，就是曲

---

① 《史记·晋世家》：晋侯（缗）二十八年，齐桓公始霸。曲沃武公伐晋侯缗，灭之。《史记·秦本纪》：十九年，晋曲沃始为晋侯。齐桓公伯于鄄。

沃武公之子。结合郑、虢和秦国的动态，我们不难发现晋国政治动荡的真实原因，当晋昭侯打算让叔父曲沃桓叔为他担当西部屏障，抵御由陕西入晋的戎人时，并没有料到他的叔父竟能顺应形势，与这些外来者（通婚）结盟，并将其纳入麾下———一切宛如其名"成师"所预言的那样①。这种盟友关系，奠定了曲沃渐强于晋都翼城的基础，也注定了公子重耳登上霸主之位的命运轨迹。

---

① 《左传·桓公二年》：初，晋穆侯之夫人姜氏以条之役生太子，命之曰仇。其弟以千亩之战生，命之曰成师。师服曰：……今君命太子曰仇，弟曰成师，始兆乱矣。兄其替乎！

晋献公的选储原则

　　当然，从一开始，公子重耳就位于即位顺序的最末端，因为他背后缺乏强援。重耳的父亲晋献公是曲沃桓叔一系首位正式即位的晋侯，握有"并国十七，服国三十八"[①]的成绩。这些国家除了临近晋西南的虢国、虞国，魏、霍、耿等小邑外，主要就包括两部分，一边是西来之戎国，大戎、小戎、骊戎，另一边是太岳山以东沁潞高原的长狄、赤狄。

　　区别在于，西来之戎以联姻方式吸纳进了晋国社会。按照《左传·庄公二十八年》的说法，晋献公至少有六个妻子，除第一个妻子没生育，及与庶母齐姜生了太子申生和嫁给秦穆公的女儿之外，其中对晋国历史进程影响最大的婚育关系，则是击败由陕入晋的戎人后，分别娶大戎子生重耳，娶小戎子生夷吾，还伐骊戎，获得骊姬姐妹，又分别生了奚齐和卓子[②]。

　　另一方面，东面之狄则在晋国膨胀过程中，被"挤"出山西，从太行山自古就有的通道——轵关陉、滏口陉——东进河、海平

---

　　① 《韩非子·难言》。

　　② 《左传·庄公二十八年》：晋献公娶于贾，无子。烝于齐姜，生秦穆夫人及太子申生。又娶二女于戎，大戎狐姬生重耳，小戎子生夷吾。晋伐骊戎，骊戎男女以骊姬，归，生奚齐，其娣生卓子。

原。东出的狄人先后侵入太行山以东的邢国、卫国。这是继周、郑东迁以后，平原国家遭遇的第二波人口迁移冲击。前636年发生的周王子带之乱，也与此有关，这是晋献公留给重耳的一笔遗产。

接纳西来之戎，驱逐东部之狄，这一发生在山西高原上的趋势，表明了晋国本身也发生了事实上的东倾。而对于晋侯来说，他所肩负的"强国"使命，便是在东扩的同时，尽量守住西部的疆土——否则东部新扩的成果将被西部领地的日蹙抵消。那么，站在晋献公的立场上，想要得到他重视并重用的人群（无论是作为盟友还是继承人）能够成功，就只有一个条件，即能给他提供"强援"。

比如，未来"分晋三家"的赵、魏两家的兴起，就可以追溯到晋献公时接受的任命。赵氏的祖先曾在两周之际"去周如晋，事晋文侯，始建赵氏于晋国"①，与秦人逐戎入晋一事，在时间和方向上都能吻合。魏氏（毕万）先祖在发迹之前更是"或在中国，或在夷狄"②。他们以诸戎身份在晋国的崛起，显然就是由于为晋献公提供了重要的军事支持，使晋国的常备武装从"一军"扩充到了"二军"③。

至于，太子申生和诸戎之子的命运，从"外援"一路中也有迹可循。申生的母亲来自遥远的齐国，无助于晋国实力的提升（还有可能因"亲齐"而阻碍东侵），这使他毫无疑问地陷入了废黜阴谋和自杀结局。而重耳和夷吾的母族都来自入晋戎人，他们在远离晋都的晋、陕之间还保留着独立的领地。在晋献公出兵攻打时，夷吾尚

①　《史记·赵世家》。
②　《史记·魏世家》。
③　《左传·闵公元年》：晋侯作二军，公将上军，大子申生将下军。赵夙御戎，毕万为右。

能以本地武力抗击成功①，重耳则在母族的帮助下逃离，都表示他们和晋侯之间的相对距离。唯有骊姬所在的骊戎，是唯一明确被晋献公讨伐击败、全面屈服于晋国的戎族；其与晋国的关系，不似其他几位公子母族背后的联姻那样松散。因此，骊姬背后的骊戎，以及骊姬之子得到晋献公远超他人的重视，就在情理之中了。此外，秦国自宣公、穆公（缪公）时已经与晋接战②，诸戎在为晋抗秦时的具体表现，也决定了他们的子嗣，即晋献公诸公子，在继嗣顺位上的亲疏关系——这与周幽王对待申侯和太子宜臼的方式相似。

从这个角度而言，在诸公子中以重耳和夷吾最为疏远，其中又以重耳所部未能抵御晋献公的追讨而显得最为弱势。然而，斗转星移，这一切在秦人眼中却变成了重耳最大的优势。

---

① 《史记·晋世家》：二十二年，献公怒二子不辞而去，果有谋矣，乃使兵伐蒲。……使人伐屈，屈城守，不可下。

② 《史记·秦本纪》。

秦晋之好

　　以一种更宏大的视角来看，晋国从"曲沃代晋"开始的每一次政权变更，都受到一只"看不见的手"的推动。由陕入晋的诸戎，不但为曲沃送去了源源不断的结盟对象，改变着晋国的当下，也为晋国的将来埋下了伏笔（赵、魏）。而在背后推动这一切的，无疑就是自西向东不断逐戎的秦国。

　　当秦国或吸纳、或东逐了西周末期的各支戎人后，就意味着全面控制了渭河流域，并开始和晋国直接接壤。这时秦人首先接触到的，就是数年来一直避居黄河沿岸、陕西一侧的公子夷吾。前651年，秦穆公接受夷吾提出的"割晋之河西八城与秦"①之条件，支持夷吾成为晋国国君，是为晋惠公。秦人与黄河下游平原诸国的策略并无不同：通过扶植一位亲秦的邻国公子回国即位，从而实现侵占邻国土地的目的。这也是东周诸国热衷于接纳外国流亡公子的主要原因。

　　然而，坐稳君位的晋惠公很快反悔，拒绝将晋河西之地与秦②。

---

　　①　《史记·秦本纪》。
　　②　《史记·秦本纪》：及至，已立，而使丕郑谢秦，背约不与河西城，而杀里克。

其实，他的理由并不如《史记》记载得那么冠冕堂皇[1]；应该是因为河西之地本为惠公母系戎族所有，既然昔日能抵御晋献公的讨伐，今日也当足以抵挡秦人的威胁。不过，几年之后，也就是周襄王七年（鲁僖公十五年，前645年），秦国和晋惠公发生军事冲突，虽然文献认为起因是秦国饥荒，晋国不肯贷粮，但从交战地点就位于晋国河西之地来看，真正的原因也就不难理解了。晋惠公战败，只好把太子圉当人质留在秦国，秦穆公把女儿怀嬴嫁给太子圉，打算"与晋结好"。

等到晋惠公重病将亡，太子圉却把怀嬴留在秦国，逃归晋国即位，是为晋怀公。秦穆公"怨之"，终于想起了流亡在外的公子重耳[2]。秦国之怨，并不仅限于太子圉的不告而别。晋惠公此前战败时，曾"献其河西地，使太子圉为质于秦……是时秦地东至河"[3]，而这些土地中的河东部分，两年后又随着"晋大子圉为质于秦，秦归河东而妻之"[4]，回到了晋国。

秦人自然不满足于东进路上受到的阻碍，而既具有继承晋国君位的合法性，又四处飘零无根无基的公子重耳，就是在这一背景下成为秦穆公的选择。《晋世家》特别描述了重耳从齐国启程，经过曹国、宋国、郑国和楚国，最终入秦之路上的种种遭遇，以反衬重耳

---

[1] 《史记·晋世家》：惠公夷吾元年，使邳郑谢秦曰："始夷吾以河西地许君，今幸得入立。大臣曰：'地者先君之地，君亡在外，何以得擅许秦者？'寡人争之弗能得，故谢秦。"

[2] 《史记·晋世家》：子圉之亡，秦怨之，乃求公子重耳，欲内之。

[3] 《史记·秦本纪》。又，《国语·晋语三》：是故归惠公而质子圉，秦始知河东之政。《左传·僖公十五年》：是岁，晋又饥，秦伯又饩之粟……于是秦始征晋河东，置官司焉。

[4] 《左传·僖公十七年》。

入晋的命中注定。事实上，正是他对东部诸国而言百无一用的特点，变成了秦穆公眼中最大的优点——他与晋惠公、怀公相比，更淡薄的（河西）疆土意识正合秦国东扩之意。

秦穆公招来重耳后，把怀嬴转嫁与他（一起嫁的还有四名宗女），就这样重耳就娶了自己的外甥女（怀嬴的母亲是重耳的同父异母姊妹），完成了兄弟和侄子都没有实现的"秦晋之好"。紧接着，穆公又发兵护送重耳等人自陕入晋。在支持重耳即位的军事行动中，秦军不但渡过了黄河，而且深入晋国腹地[①]。前636年，重耳杀死侄子晋怀公，即位，是为晋文公。

在未来的九年中，秦、晋之间从未发生冲突。不仅如此，两国之间实现了极为密切的军事合作，而所有这些联合行动，都发生在晋国的东、南方向上。其中既包括平定周王室内乱的斡旋，也包括针对主要竞争对手郑国、楚国的军事行动。可以说，正是秦国的支持，为晋国的崛起提供了持续的动力。从某种意义上讲，这也遵循了从更久远处传递的自西向东的人群迁移趋势。

---

① 《史记·晋世家》：秦兵围令狐，晋军于庐柳。二月辛丑，咎犯与秦晋大夫盟于郇。

晋、周间的诸戎

晋文公的声望，隆升于即位元年平定"周王子带之乱"事件。事实上，此事的始作俑者就来自晋国。

前658年，晋献公"假道伐虢"灭亡北虢国；前655年，灭亡南虢国。随周王东迁的股肱之——虢国——消失于东周的地图之上，标志着周人从此失去了位于西部的"王室之盾"①。原先只能沿汾河谷地逆流入晋的诸戎开始有机会，沿着黄河中游河谷侵入东周的王畿（晋国的压力相应减轻）。周襄王野心勃勃的兄弟王子带很快效仿曲沃桓叔的做法，招引"扬、拒、泉、皋、伊、洛之戎同伐京师，入王城，焚东门"②。只不过，王子带引戎伐周的图谋，很快就被更有经验的晋侯（晋惠公）③击破。

虢国屏障消失后，周人的国运安危便不再掌握在自己手中。前638年，"秦、晋迁陆浑之戎于伊川"④。晋惠公参与的此次戎狄东迁，

①　《左传·闵公二年》、《左传·僖公二年》提到，前660年"虢公败犬戎于渭汭"，两年之后"败戎于桑田"。位于三门峡的虢国至少两次挡住了戎人的东迁。

②　《左传·僖公十一年》。

③　《左传·襄公十四年》：（戎子驹支）对曰：昔秦人负恃其众，贪于土地，逐我诸戎。惠公蠲其大德，谓我诸戎，是四岳之裔胄也，毋是翦弃。赐我南鄙之田，狐狸所居，豺狼所嗥。我诸戎除翦其荆棘，驱其狐狸豺狼，以为先君不侵不叛之臣，至于今不贰。

④　《左传·僖公二十二年》。

不但为周襄王带去"重振雄风"的憧憬，也给王子带提供了再次卷土重来的幻影，并为晋文公重耳的称霸铺设了轨道。

周襄王十三年（前639年），郑国拒绝接受周王对郑国入侵滑国的调停，扣押了周王使者。襄王大怒，便与西来的狄人结盟，并于前637年伐郑①。周、狄联军取得郑国的栎地后，襄王为强化两者的联盟，还娶狄人首领之女为后。这一至少从周幽王开始，经过其远亲晋人（曲沃一系）延续的结盟策略，又再次重现于周室之内。然而，狄军的实力也被王子带再次发现。前636年，当周王废黜狄后之时，狄人和狄后便一同站在了王子带一边，成为叛军的主力②。相比之下，成为叛军的狄人似乎比之前更具战斗力。此役周师大败，居然还是之前被周、狄联军讨伐的郑文公接纳了襄王。

郑文公能不计前嫌接济周王，但为周王平乱的任务，却只有晋文公可以承担——因为位于南太行以北的晋国，是距离周王畿最近的强国。前635年，即位第二年的晋文公听取狐偃的建议，阻止秦国进一步向东"尊王"；同时雷厉风行地挥师南下，将周王迎回成周，又杀死王子带，完成了"勤王"的第一大功绩。

随着晋文公平乱成功，与王子带为伍的狄军也随之瓦解，下落不明。然而，之后的几年里晋国的军队急速扩大，从原先的"二军"，变为了"三军"。参考之前，"一军"扩充为"二军"的过程，"三

① 《国语·周语》："襄王十三年，郑人伐滑。王使游孙伯请滑，郑人执之。王怒，将以狄伐郑。……十七年，王降狄师以伐郑。"按：周襄王以狄师攻郑时间，《史记·周本纪》作襄王十五年（前637年）。

② 《左传·僖公二十四年》：颓叔、桃子奉大叔以狄师伐周，大败周师，获周公忌父、原伯、毛伯、富辰。

军"的由来或有可解之处。新建的三军，不但使"晋兵先下山东"①，进入黄河下游平原，直接参与对卫国、曹国的作战；而且也能保证晋文公在随后的"城濮之战"中一举击败楚国，在"践土之盟"上成为诸侯的盟主。

大会诸侯之后，"晋侯作三行以御狄；荀林父将中行，屠击将右行，先蔑将左行。"②由是，加上之前成立的三军，晋国正式开始拥有"六军"，以可以相媲"天子六军"的军事实力，成为名副其实的霸主。由上我们已经明白，正是自西入境的诸戎为晋国提供了源源不断的兵力，让晋国小宗曲沃一系登上了命运的巅峰，也让周室在一次又一次"希望—失望"中走向了衰落。

---

① 《史记·晋世家》。
② 《左传·僖公二十八年》。

第二波迁移浪潮

前628年，晋文公去世，这时距离他即位方才九年。遥想十五年前他与随员一行东越太行，离开晋国前往齐桓公的国家避难时，没有想到这就是在实现春秋"霸主"接力棒的交接。

齐桓公在位之时（前685—前643年），大致与晋献公在位相当（前677—前651年）。齐桓公称霸的原因，第一是吸收、消化了周、郑迁移推动的第一次东周人群东迁压力，第二则是阻止了晋国（接纳诸戎后）东扩导致的第二次东周人群迁移——赤狄东出太行，侵犯邢、卫等国土地。当晋献公或以"赵夙为御，毕万为右，以伐霍、耿、魏，灭之"①，或以太子申生伐东山皋落氏时，不但为齐桓公送去称霸所需的人力，也为自己最不起眼的儿子重耳指明了一条注定的道路。

重耳的发迹确实来源于他的弱势。当秦国驱戎入晋，完成渭河平原的统一后，发现自己的东进意图受到几代晋国执政者的抵制。哪怕是倾力扶植的晋惠公、怀公父子，在维护西土的战略上始终保持顽强的立场。晋惠公唯一的让步仅是拔除作为"王室之盾"的虢

---

① 《史记·魏世家》。

国，让秦国在黄河河谷与汾河平原这两个选项（正东方、东北方）之间，选择前者作为扩张的方向。（当然，这也为周王室送去了重拾王业的希望——可供结盟的戎、狄外援。）这显然不能满足秦国的野心。于是，孤立无援的公子重耳终于出现在秦穆公第三次"秦晋之好"的名单上。秦人的耐心在晋文公身上得到回报，同其兄弟和侄子相比，晋文公则不再与秦国争执黄河沿岸以西地区，默认了其对延河上游的控制，转而将重心置于东部平原诸国，只是以委婉的方式，阻止秦国进一步向东"尊王"。

与此同时，晋文公并没有被动地成为秦国的代言人。当晋文公把军力从与秦国争夺的西部解放出来后，就有更多力量专注于东部事务。尤其是他作为"大戎"之子，注定在吸纳诸戎①、扩军东进的道路上比他的父亲走得更远。正是从"二军"到"六军"的急速扩张，使晋国在短短几年时间里，获得了对太行山以东、以南的极大霸权（但晋军的多元性，也为晋国将来的分裂埋下了不可逆转的隐患），亦让晋国最终从幕后走到台前，从齐国霸业的背后助推者，转变为前者的接班人。

毕力向东的专注，为晋文公在践土之盟上，赢得了周襄王颁给的《文侯之命》。但这未必是周王全部的心声，因为在晋国的尊王道路上，周王非但没有拓地，反而失去了河内——将黄河以北的土地赐予晋国②——这明显违背了周室的利益。可见晋文公与齐桓公的

---

① 《左传·僖公二十三年》：狄人伐廧咎如，获其二女叔隗、季隗，纳诸公子（重耳）。公子取季隗……以叔隗妻赵衰……处狄十二年而行。

② 《左传·僖公二十五年》：（周襄王）与之阳樊、温、原、攒茅之田。晋于是始启南阳。

"尊王"都是口惠而实不至。

周人先是因王畿面积骤减，生产下滑，无力支撑"王室之矛"郑国的军事行动，也无法维持周王的体面，后又因失去了"王室之盾"虢国的拱卫，暴露于东迁戎狄的入境压力之下。周室并不坐以待毙，而是继续将外来者视为有力的援手；只不过王室内部的分裂，使外援沦为内耗的匕首。但在周王心中，援手之路既开，便找回了蒙尘的王家雄心；东迁之路已定，总觉得到同往的古国壮行——比如，两度成为齐桓、晋文霸业注脚的楚国。

随着晋文公的离世，作为东周人群东迁的第一推动力，周、郑同样不安于现状。就这样，东周时代的平原诸国即将迎来第三次更为猛烈的迁移浪潮。

楚国第五

三年不鸣，一鸣惊人

公元前613年，周顷王去世，周匡王即位。周顷王的离世平淡无闻，甚至不如他的父亲周襄王去世时带有戏剧色彩——因为无钱下葬，而去鲁国乞求安葬费[①]。周室的近支郑穆侯还在为自身的存续，而左右旁顾。周顷王去世前一年，楚国遭遇变故，楚穆王离世，而刚刚即位的楚庄王马上要开始他著名的"三年不鸣"的故事。

"三年不鸣"最早出自《韩非子·喻老》篇。其中提到，即位三年的楚庄王，过着"无令发，无政为"的安逸生活。右司马就给庄王出了一道难题："有鸟止南方之阜，三年不翅，不飞不鸣，嘿然无声，此为何名？"楚庄王没有苦思冥想，世上是否真的存在一种不飞不鸣的鸟，而是发表了"三年不翅，将以长羽翼；不飞不鸣，将以观民则。虽无飞，飞必冲天；虽无鸣，鸣必惊人"的著名对答。

按照《喻老》篇的说法，觉醒后的楚庄王亲自听政，国家大治，又"举兵诛齐，败之徐州，胜晋于河雍，合诸侯于宋，遂霸天下"，用实际行动，为后世留下"三年不鸣，一鸣惊人"这一典故。韩非的叙述略显夸张，因为终楚庄王一代，楚国并未与齐国展开过大规

[①] 《左传·文公九年》：毛伯卫来求金，非礼也。不书王命，未葬也。二月，庄叔如周葬襄王。

模军事冲突。而其与晋国之间倒是发生过一场著名的"邲之战"。前597年，楚国对郑国国都实施三个月的围困后，终于将其攻克，迫使郑襄公"肉袒牵羊以逆"①。郑国前盟友晋景公并没有在楚国攻郑时施以援手，反而选择在楚获胜后南下，结果在黄河岸边的邲地被楚国击败。楚国在两年之后还围困宋国，迫其签下城下之盟。这两件事情，加上前606年"伐陆浑戎，遂至洛，观兵于周郊"，问鼎于王孙满一事②，共同奠定了楚国的霸主地位。

其实，当我们把诛齐、胜晋与合诸侯于宋，这三场亦真亦假的"胜利"并置在一起时，不难发现，韩非的用意在于，用齐、晋和宋这三位春秋时代的早期"霸主"来衬托"一鸣惊人"后称霸的楚庄王。从本书之前的篇幅可知，除了宋襄公的有名无实外，齐、晋的称霸都各有契机。齐桓公是吸收了周、郑东迁后第一波人口浪潮而崛起（由此看来，"小霸"的宋襄公也应该是这股潮流的受益者），晋文公则是吸收了秦国驱戎入晋带来的诸戎人口，并掀起了推动赤狄东迁冲击周、郑统治的第二波人口迁移浪潮。那么，楚庄王的称霸也可从这一"东迁"大势中找到共同之处。

鉴于《韩非子》的这篇轶闻深得人心，以至于许多年后，司马迁写作《楚世家》时，再次引用了这则故事。不仅如此，他还将无名的"右司马"换成了有名的伍举，又别出心裁地用"互文"的修辞手法，为"三年不鸣"的楚庄王设计了香艳的场景："左抱郑姬，右抱越女。"如果我们把这段场景描写，当作真实情景的艺术加工，

---

①　《左传·宣公十二年》。
②　《史记·楚世家》。

便不得不佩服司马迁用短短一句话，就反映了楚王（国）所处政治空间的人口地理格局。

这样，我们就找到了司马迁在不经意的角落里留下的两把钥匙：郑和越。《史记》正是用这种浪漫的方式，为我们理解楚国所推动的东周时代第三波人口东迁浪潮提供了重要的历史线索。

楚与周

我们已知"周郑一体",而楚国的出场便与东周的诞生有着密不可分的联系。按照《楚世家》的记载,楚人崛起于西周后期的周夷王之时。当时"王室微,诸侯或不朝",楚君熊渠"甚得江汉间民和,乃兴兵伐庸、杨粤,至于鄂"。

西周中期以来,周人始终致力于对汉水、淮河流域的经营。位于陕西的周人一直通过蓝田—商洛之间穿越秦岭的"武关道",经汉水抵达淮河流域,并镇服当地的淮夷等土著部族。这一战略的意图显而易见,周人"对时服时叛的淮夷、南淮夷……抢劫、俘获的主要对象是铜、锡,是青铜制品"[1],即掠夺制作大量青铜礼器和武器的原料——来自淮河以南大别山腹地的铜矿资源(金)。

南方水、沼地形复杂,使周昭王本人难逃"丧六师于汉"的命运,死于"孚金"的征途。其子周穆王为重建获取铜料的稳定体系,便不得不重建六师,开始频频出击(详见第一章)。对青铜器铭文的研究还显示,"发生于周人与淮夷诸族间的大规模族群冲突直到穆王时期始见"[2]——周穆王就是周夷王的曾祖父。《后汉书·东夷列传》

---

① 袁士京:《江南铜研究——中国古代青铜铜源的探索》,第82页。
② 朱继平:《从淮夷族群到编户齐民》,第81页。

曾经提到周穆王的西讨东征:"穆王后得骥騄之乘,乃使造父御以告楚,令伐徐,一日而至。于是楚文王大举兵而灭之。"且不论其中关于周穆王、徐夷和楚文王(东周时楚君)之间的时代倒错,就其中提到有关周王令楚人东征的权力关系,足以启发我们对楚人发祥的思考。

和淮夷(包括淮南夷、徐夷)之间的大量战争急速消耗了周人的经济和军事实力,这即是"王室微,诸侯或不朝"的直接原因。在这一背景下,西周末年出现于同淮夷作战前线("兴兵伐庸、杨粤,至于鄂")的楚人,也随之成为新的铜料征集者。比如,《楚公逆钟铭文》显示,西周末期的楚君获得四方首领入贡的赤铜"九万钧";这一点也得到了考古证据的支持[1]。(与之类似,则是秦人从一开始作为周室的马匹供应者,渐渐被赋予了更重要的军事职责,继而崛起一方。)随着周人国土日蹙、收入日少,不再能支付约束秦人、楚人为之效命的费用,最终弃镐而奔洛,昔日为周室东征的楚人亦走向独立建国之路。其控制区域也从"武关道"靠近秦岭的一侧,向东扩展开来[2]。

《国语·郑语》曾言,"及平王之末,而秦、晋、齐、楚代兴,秦景、襄于是乎取周土……楚蚡冒于是乎始启濮"。(据《国语集解》,秦景公,应为秦庄公。)其中,将楚国的东进(启濮)和秦国向东(驱戎)并举。当我们将之前秦国逐戎入晋,启发齐、晋称霸,作为一

---

① 考古研究者同样认为,"楚控制鄂东古铜矿的时间或许会比春秋更早一些"。李天元:《湖北阳新港下古矿井遗址发掘简报》,《考古》,1988(01)。

② 《史记·秦本纪》。

个整体来思考时，就会发现秦、楚之间的并置，也绝非一种修辞上的偶然。

前770年开始的平王东迁，给了周、郑和楚人各自发展的契机。在之后的五十年中，楚人保持了以陕、豫、鄂三地交界的丹江中游为都城，向东扩张的势头。前706年，楚国进一步侵入随枣走廊，将随国纳入了自己的控制范围，并开始称王。（这一趋势甚至引起了周桓王的注意。）自楚厉王蚡冒的"启濮"开始，经过两代人的时间，到楚文王时楚国先后伐随、伐申、伐蔡和灭邓，基本控制了整个南阳—襄樊盆地，所谓"楚强，陵江汉间小国，小国皆畏之"①。

随着楚人继续向东，很快，筚路蓝缕，以启山林，走出秦岭通道的他们就将再次遇到早已迁到黄河中游的周室和郑人。

---

① 《史记·楚世家》。

楚与郑

前613年，楚庄王即位，等待他的并不是"郑姬"和"越女"。他刚即位时便遭遇了楚将申公斗克的叛乱，被后者劫持前往西北方与秦国接壤的商密（后被救回）。次年，晋国南下攻打楚国的盟友蔡国，楚国未能救援。第三年，又遇到"楚大饥，戎伐其西南"，"庸人帅群蛮以叛楚"①，这两股势力都在楚国西部，位于秦楚之间。幸得秦国之助，楚庄王与群蛮结盟，攻灭了庸国，获得了国境的平靖。

对于楚庄王而言，此三年不是"不鸣"，反而近乎"哀鸣"。好在挺过难关的楚庄王，时来运转，迎来了"一鸣惊人"的历史契机。而这个契机就来自郑国。前608年，郑穆公主动"受盟于楚"②，其原因在于，郑国新近参与晋国伐宋、伐齐之役，都因晋国"纳赂"于宋、齐，废于半途。从之前章节已知，郑国与周室始终怀有对东部国家的念想，周室虽已沉沦，郑国尚存一息。当晋国满足不了郑国示威东国的意图时，另外的选项便自然浮现。

与郑结盟的楚国果然不负所望。首先，当这年秋天晋国反应过

---

① 《左传·鲁文公十六年》。
② 《左传·鲁宣公元年》。

来，以兵压郑国（围郑救陈①）时，楚庄王遣军救郑，在北林击败晋军。接着，第二年郑国就在楚国的支持下大败宋军，斩获"甲车四百六十乘，俘二百五十人，馘百人"，囚宋军主帅华元。后来又得到宋国交付用来赎回主帅的赎金——"兵车百乘、文马百驷"②。这对早已丧失"王师"支持一百多年的郑国来说，可以说是一场极为难得的大胜。

其实，这场胜利，可谓半个世纪以来楚国与郑国关系的旧时重现。前655年，正值齐桓公鼎盛之时，他在首止会盟中，放出了支持周太子姬郑即位的信号。而这正是周惠王所不愿看到的——一位得到齐国扶持而登基的王储必然有损于周室的东扩攻略（姬郑即位为周襄王的结果也确实如此）。于是周惠王便对本要与会的郑文公提出，"吾抚女以从楚，辅之以晋，可以少安"的要求。郑文公"喜于王命"，欣然逃盟③。这次"从楚"，换来了第二年楚成王的伐许救郑。

这种"盟楚—助郑"的关系出现不止一次。前642年，"郑伯始朝于楚"，然后楚成王又赐郑铜料，并嘱咐郑文公"无以铸兵"。郑国用这些铜料铸了三枚铜钟④。前638年，晋国灭虢，秦国东逐陆浑之戎于周王畿内，而郑国又被东面的宋国击败。时值周、郑腹背受

---

① 《左传·鲁宣公元年》：宋人之弑昭公也，晋荀林父以诸侯之师伐宋，宋及晋平，宋文公受盟于晋。又会诸侯于扈，将为鲁讨齐，皆取略而还。郑穆公曰："晋不足与也。"遂受盟于楚。陈共公之卒，楚人不礼焉。陈灵公受盟于晋。秋，楚子侵陈，遂侵宋。晋赵盾帅师救陈、宋。会于棐林，以伐郑也。楚蒍贾救郑，遇于北林。囚晋解扬，晋人乃还。按：晋国因楚侵略其盟友陈国，转而讨伐楚国盟友郑国，逼楚救郑释陈。

② 《左传·鲁宣公二年》。

③ 《左传·僖公五年》。

④ 《左传·僖公十八年》。

敌之际，郑文公再次想到向楚求援，楚国果然伐宋以救郑，大败宋襄公，留下了那场史籍留名的"泓水之战"，而楚成王则"取郑二姬以归"①。

时间回到楚庄王时代，前606年，周匡王去世，定王即位。楚庄王率军讨伐陆浑之戎，直抵洛邑之野。这些三十多年前，曾先后为周襄王和周王子带提供了"复兴"愿景的陆浑戎，已成为周王畿的不安定因素。楚庄王伐戎后，观兵于周疆，留下"问鼎中原"一语。《史记·楚世家》在复述这个故事时，比《左传》的版本多了一句楚庄王的自矜："楚国折钩之喙，足以为九鼎。"除了向周王使者"夸富"的成分，更多仿佛是在用这些"折钩之喙"背后的铜料重量，提醒周王注意楚人曾为周室作出的贡献。

从"三年不鸣"到"问鼎中原"，楚庄王每次进击背后似乎都少不了郑国与周室的"鼓动"（当然我们也能找到楚、郑之间同样数量的冲突，包括"邲之战"的起因），这有助于修正过往对楚国的看法。然而，要为楚庄王的"一鸣惊人"提供充分的支持，光有鼓动还远远不够。

---

① 《左传·僖公二十二年》。

楚 与 越

　　如果说楚人每次在中原的出场，或多或少都能找到周、郑的影子只是一种巧合，那么楚人的崛起则的确来自周王的指示。按照《楚世家》的记载，前671年，楚成王即位时，周惠王给予"镇尔南方夷越之乱，无侵中国"的指示，于是楚拓地千里。其实，如前文所述，在更早的西周末期，便有楚君熊渠"甚得江汉间民和，乃兴兵伐庸、杨粤，至于鄂"，并封他的诸子为王，"皆在江上楚蛮之地"。

　　至于这些夷越、杨粤（又称扬越）究竟与楚保持了怎样的关系，并未详述。还是《韩非子·喻老》，在楚庄王"一鸣惊人"的故事后面，留下了另一篇"楚庄王欲伐越"，用一个和"越人"有关的故事给出了楚人受命"镇尔南方夷越之乱"的全部线索。在这则轶闻中，楚庄王刚刚经历了"王之兵自败于秦、晋，丧地数百里，此兵之弱也；庄蹻为盗于境内，而吏不能禁，此政之乱也"，于是想到了要征伐更加"政乱兵弱"的越人。故事中一位大臣以楚国"弱乱"不下于越人，伐越并无胜算为由，成功阻止了楚庄王的伐越之举；但从楚王仅因自身"政乱兵弱"就将矛头直指"越人"来看，楚王伐越的用意便跃然纸上。

　　楚庄王即位之初，遭遇"三年不鸣"，暂先不论"自败于秦、晋，丧地数百里"的虚实，这三年中先后发生国内叛乱、晋国袭蔡，及遭庸国所败都是事实。想要重振旗鼓，不仅需要修明政教，更关键的是还要补充兵员和武器，才有来日再战的基础。要想短期内复强，显然无法依靠本国人口自然增长，除了如齐、晋那样吸收外来人口之外，主动出击，俘获有生力量与战略资源也是另一条可行途径。

文献表明，越人就是楚庄王复强的关键所在。与楚接壤的夷越、杨粤，位于长江中游的鄱阳湖平原周边。此地从古至今都是中国铜矿产地，其中包括大冶、瑞昌、铜陵、德兴这些著名的矿址①。当地土著"干越"人群在春秋时代便以铸兵闻名，《庄子·刻意》留下一条有关干越的记载："夫有干越之剑者，柙而藏之，不敢用也，宝之至也。"可见，干越人群不仅与铜矿为邻，还有卓越的冶铸技艺。

另一则传说，也可证楚国与干越之剑的羁绊。晋人干宝的《搜神记·三王墓》里，讲述了"楚干将、莫耶为楚王作剑，三年乃成……"的故事，最后因干将藏匿雄剑，只献出雌剑，为楚王所杀。（《吴越春秋·阖闾内传》提到同一个故事："干将者，吴人也，与欧冶子同师，俱能为剑"，但背景信息有所不同，这一差异将是下一章的主题）。大部分冶金史研究者都认为，干将与"干越"人群或有直接关联②。因此，干越人群对楚而言，有着多重意义。首先，可以为楚国重建军队所需的青铜兵器提供采矿和铸炼技术③；其次，能持剑

① 参见裘士京：《江南铜研究——中国古代青铜铜源的探索》，第28—39页。
② 参见刘美崧：《试论江西古代越族的几个问题》，收入《百越民族史论集》，第152—153页。
③ 后德俊：《越人矿冶技术的起源及成就及其对楚国科学技术的贡献》，《东南文化》，1996（03）。

入伍的越人本身也是楚国兵员的有效补充来源。

楚庄王登位之初，即面临战败和受挫，但他通过东伐越人重建军威，积累了必不可少的复兴动力，从而可以再度响应周、郑的召唤，投入中原的战事，最终"胜晋于河雍，合诸侯于宋，遂霸天下"。生活于长江中游的干越人群，可谓楚庄王称霸背后当之无愧的幕后英雄。

第三波浪潮

　　凭借"郑和越"这两把钥匙，我们已经揭开了楚庄王"问鼎中原"的大部分原因。楚人接受周王"镇尔南方夷越之乱"的指示，既有其延续西周时代替周室经营铜料的因素，也有觊觎越人人力、物力资源的原因。正是这两者共同为楚庄王的称霸提供了坚实的基础。

　　当然，如果我们把视野放得更长就会发现，在楚庄王"三年不鸣"时侵楚的庸人来自西部。而帮助楚人伐庸的秦人、巴人来自庸人的更西部。此前，楚庄王还面临了申公斗克的劫持，后者想前往的地点即是与秦接壤的商密（古鄀国都城）。此地位于楚人最先建都的汉水中游西侧，原先属楚，但在前635年和前622年两次被秦军攻克。第一次秦军俘虏了申公斗克①（字子仪；八年后被秦放归），第二次直接占领了商密②。在未来的许多年里，秦军还将多次经由此地伐楚，并逼迫楚国核心人群彻底离开汉水流域。结合上一章里"秦晋之好"背后的秦人迫晋来看，楚庄王的远离汉水腹地、挺进中原背后，除了以往评述中的开疆千里之外，自然还有俨然相似的隐秘之缘。

---

① 《左传·僖公二十五年》：秦师囚申公子仪、息公子边以归。
② 《左传·文公五年》：初，鄀叛楚即秦，又贰于楚。夏，秦人入鄀。

回到《楚世家》对楚庄王的叙述，我们通过文献分析可以清楚发现，楚庄王其实并没有左抱郑姬，也没有右抱越女。真正取得郑姬的是他的祖父楚成王。而在楚庄王的后代中，也确有一位娶了越女，那是他的曾孙楚昭王。这位越女生下的楚惠王复兴了几乎被吴国所灭的楚国，从严格意义上讲，也是拜庄王所赐（详见下章）。正因为楚人与郑、越之间贯穿整个东周时代的纠葛，使得司马迁在创作属于他本人的楚庄王故事时，特意将分别发生在几代楚王身上的事件片段浓缩在楚庄王身上，为其创造了"左抱郑姬，右抱越女"这一充满了地缘政治寓意的场景。

楚国与郑国和越人的关系基本贯彻了楚国发展的全部时期。虽然很多时候楚国会因郑国改变结盟关系而伐郑，但更多时候是因为救郑而挑战宋、齐或晋。到楚庄王之子楚共王时，郑国向东侵略已经沦为楚国附庸的许国，换来的却是楚国迁许于本国境内，并默许郑国占领许国原境，甚至还"以汝阴之田求成于郑"[1]，这同样也是周、郑后期面积最大的一次扩张。（纵观东周数百年历史，除了楚国，周与郑从未自齐、晋获得寸土。）

而就是这次为郑出力，换来晋国的不满。前575年，晋国伐郑，楚国再次救郑，两军战于鄢陵，以楚共王一目中箭失明，楚王子公子茷被俘，司马子反自杀，楚国惨败告终（只成就了楚国神射手养由基之名）。此后，楚国仍旧多次因郑出战，但都被晋国击败，未能取得一胜。于是，在前546年召开"弭兵之会"上，楚、晋罢兵，将

---

① 《左传·成公十六年》。

表面上的和平维持了大约四十年光景。

从楚国的整体进程中可以看到，正因为楚国（避秦）向东的方向与周、郑一致，事实上经常被后者引为"尊王"的外援。然而，这一点却违背了东部国家的防守策略，所以往往被先秦文献的作者（基本来自东部国家）描述为一股威胁力量，成为与"北狄"并列的秩序挑战者。相比之下，北狄背后的晋人却因与周人的远亲关系，幸运地躲过了类似的负面评价。

至于越人，与楚国的关系则更为密切。楚国与晋屡次争锋，"丧地数百里，此兵之弱也"，西有秦而北有晋，只能不断向东南方向频频搜求。《搜神记》版本的"干将莫耶"传说中，楚王因不得"雄剑"而杀干将，在某种程度上，或许反映了以干将为代表的干越人群，常常难以应对楚王下达的铸兵任务。那么，当他们面对自西向东倾轧的楚人时，自然会选择与鄱阳湖平原东部接壤的浙西与皖南通道继续东迁，并带给楚人意想不到的回应。

从这个角度上，由秦人南下迫楚、楚人东进中原导致的东周时代第三波人口迁移浪潮还远远没有拍岸的迹象，它将继续通过吴、越的事迹，对黄淮流域的诸国造成最猛烈的冲击。

吴国第六

吴、越始壮大

公元前584年，即周简王二年，被认为是吴国开始壮大，"始通于中国"的一年①。其标志是吴国在这年春天，攻击了山东半岛齐国南部的郯国②。同时与控制淮河中游的楚国发生冲突，北击徐国，以至淮河下游"蛮夷属于楚者"都依附了吴国③。

在这之后，江淮下游的吴国与中游楚国，成为一对东西交锋、经久不息的对手。两者在半个多世纪里互有胜负，其中以后半程更为激烈④。前515年，吴公子光在楚国流亡者伍子胥的帮助下，刺杀吴王僚，即位为吴王阖闾，使吴国的军事实力达到鼎盛。前512年，吴国灭亡了淮北的徐国。随后六年，吴国开始全力针对楚国，以至楚国"无岁不有吴师"⑤。

周敬王十四年（前506年），伍子胥率领吴国军队西征千里，穿

---

① 《史记·吴太伯世家》。
② 《左传·成公七年》："春，吴伐郯。"
③ 《左传·成公七年》："吴始伐楚、伐巢、伐徐。……蛮夷属于楚者，吴尽取之，是以始大，通吴于上国"。
④ 前538年，楚国攻吴于朱方（今镇江丹徒），胜吴；同年，吴军攻入楚国棘、栎、麻等地，以报朱方之役。前537年，楚灵王以淮上诸侯并越人伐吴，于鹊岸（今安徽无为）被吴所败。前519年，吴国败楚于鸡父（今河南固始）。
⑤ 《左传·定公四年》。

过大别山，数败楚军，最后攻入楚国郢都。此一举，打破了多年以来楚国和晋国之间互相角力的平衡。虽然楚臣申包胥赴秦借兵，次年秦、楚联军击退吴军，但一年后（前504年），吴国再次击溃楚军舟师，令"楚国大惕，惧亡"①，被迫向南迁都。从局面上看，此时的吴国在战略上达到鼎盛，其北伐（徐）、西征（楚）都取得显著战果，疆域面积也为历史顶峰。

不过，由吴王阖闾奠定的基业注定要由其子夫差来继承。前496年，阖闾向南讨伐越国，在嘉兴的檇李被越将砍伤一趾，后因伤重而亡。继承王位的夫差两年后（前494年）再次伐越，他此次没有重蹈父亲两年前的覆辙，在夫椒（太湖洞庭山）之战中，几乎摧毁了越人的全部武装力量。只是这次战役的位置距离上次更偏北，也更靠近吴国政治核心区姑苏。

两代吴王先后击败楚国和越国，却无意对吴国西部和南部地区展开扩张，而是把目光继续聚焦北方。前486年，吴国跨过长江，立足江北，"城邗，沟通江、淮"②。接下来两年里连续伐齐，并于前484年取得艾陵之战的胜利。此役吴王夫差亲自参战，"大败齐师，获……革车八百乘，甲首三千"③。然而，这次胜利并没有给吴王带来更多喜悦，他的主帅伍子胥一方面提醒夫差警惕南方的越国，另一方面又将自己的儿子托付给齐国的鲍氏。这个费解之举终令夫差赐死了这位昔日攻楚的功臣。

---

① 《左传·定公六年》。
② 《左传·哀公九年》。
③ 《左传·哀公十一年》。

伍子胥的提醒并非没有道理，因为当几年后吴国精英尽出、奔赴河南封丘的黄池会盟时，其后方的都城姑苏就被越国军队攻陷。此时正值史载吴王夫差中原求霸、与晋定公一较高下之际。尽管吴王迅速回师，但再也没有机会取得对越国的胜利，并于前473年身擒、国灭。

吴国在春秋时期的历史，从开始有记录，到被越国攻灭，只有一百多年的时间（前584—前473年）。国祚虽然短暂，但不乏高光时刻，吴国连同其继承者越国，上接五霸之末，下启七雄之始，实在是春秋末期一段不朽的传奇。《荀子·王霸》里提到："齐桓、晋文、楚庄、吴阖闾、越勾践，是皆僻陋之国也"，却能"威动天下，强殆中国"，前几位虽非"中原"之国，不敢言僻远，但放在吴、越身上的确不差。那么吴阖闾、越勾践是如何能以僻陋之国而威动天下，将启发我们更清晰地透视东周以来第三波人口迁移浪潮的最高峰。

子贡存鲁

　　有关吴国、越国"强殆中国"的历程，其实可以分为三个部分，分别是：（一）吴楚争霸、（二）吴越争霸，以及（三）吴与（齐、鲁等）中原诸国之争。最早期的吴楚争霸，可以楚人伍子胥借吴国复仇作为核心，其中夹杂着伍子胥以"鱼肠剑"助阖闾夺位的支线故事，以吴军攻入楚国都城作为高潮。中期的吴越争霸，则从吴国伐越，吴王阖闾被越大夫灵姑浮重伤而亡开始，围绕吴王夫差复仇展开，又有越王勾践"卧薪尝胆"、"十年生聚，十年教训"，以美女馈吴王作为关键步骤，最终越国伐吴成功结尾。

　　前两个阶段都有各具独特性格的重要人物支撑，千百年来为人耳熟能详。与之相比，和第二阶段在时间上交错并行的第三阶段"吴与中原诸国之争"，则显得寂寂无声。而事实恰好相反，吴楚、吴越之间由于远离中原，其中的原委往往来源于后起的小说家言。中原诸国中的齐、鲁则因为悠久完备的书写传统，留下了更详实、丰富的记载：其中不仅有叙事者的综述，还包括参与者的直接观感。

　　吴（越）与齐、鲁交往的第一手观察，来自一位旅居鲁国的亲历者——子贡。子贡即孔子门徒端木赐（约前520—约前456年），恰与吴（越）发展的顶峰重合，他不但参与了吴国与齐国的艾陵之战，而且还为后人梳理了吴、越两国的命运。

按照《史记·仲尼弟子列传》所言，事情起因是齐国执政者田常准备伐鲁，孔子派弟子中最能言的子贡纾鲁之困。子贡与田常会面，劝说后者伐弱鲁不如伐强吴，因为与强大的吴国作战可以使得"民人外死，大臣内空"，一旦齐国内部制约田氏的高、国、鲍、晏等公室大族都因外战而耗尽，田氏就能独霸齐国朝政大权。子贡巧言说动了田常，使其停下了伐鲁的脚步。

随后，子贡南下拜见吴王夫差，此时吴王正准备对越国出兵。子贡为了将吴国引入攻齐的轨道，描绘了一幅"存越示诸侯以仁，救鲁伐齐，威加晋国，诸侯必相率而朝吴，霸业成矣"的美妙图画，竟说动夫差，停止攻越转而北伐。为了打消吴王的顾虑，防止越国趁虚而入，子贡甚至主动提出要促成越王"令出兵以从，此实空越，名从诸侯以伐也"。

子贡来到越国，见到越王勾践，首先直陈吴国"吴王为人猛暴，群臣不堪；国家敝以数战，士卒弗忍；百姓怨上，大臣内变"等现实，预言此次吴国北进攻齐后，打胜仗后必将与晋国为敌。其次，当吴国"锐兵尽于齐，重甲困于晋，而王制其敝，此灭吴必矣"。所以越王不妨先助吴北伐齐国，然后等其被齐、晋耗尽时，一举攻吴可保成功。

吴、越两国都听从了子贡的攻略。越国予吴"甲二十领，铁屈卢之矛，步光之剑"，并以士卒三千人助吴伐齐，败齐于艾陵；吴国与晋国会盟诸侯于黄池；越国趁机灭吴；而鲁国得以幸免独存。后人更将子贡纵横五国的壮举，概括为"存鲁，乱齐，破吴，强晋而霸越"。

有些令人遗憾的是，从《左传》等文献中可察，子贡虽然确实频繁出现于鲁、卫与吴国政治、军事斡旋的外交舞台①，但并没有证据表明他参与了吴伐齐、越袭吴等更南方的政治活动。然而，《史记》有关子贡的叙述，却为我们提供了一个北方目击者视角下，吴、越、齐、鲁与晋各国之间的互动过程——子贡对吴、越等国处境的描述都不失真，只要我们将彼此间的因果关系重新调整，并在其中加入一个缺失的要素，就能将这些散落的珍珠连成一条完整的珠串。

---

① 鲁哀公七年（前488年），吴国兴师北上，征鲁百牢（牛、羊、猪各一百），子贡辞之。哀公十一年（前484年），吴伐齐得胜，吴王赐给鲁国叔孙氏甲、剑等物，子贡助其应对。哀公十二年（前483年），吴国扣留卫侯。子贡说吴太宰嚭，释卫侯。哀公十五年（前480年），齐、鲁议和，子贡说"齐归鲁侵地"。

楚强吴弱

从前584年"始通于中国"开始，吴国最主要的对手就是楚国，到前506年吴国攻入楚郢的近八十年时间里，两国主要就是沿着大别山北坡与淮河之间进行拉锯战。在此期间楚国不断向东，将大别山以北全部占领，最远攻入吴国腹地北面的镇江丹徒[①]。虽然历任吴王屡次败楚，并通过战斗磨砺了战术能力（不但有真实的楚之亡大夫申公巫臣教吴用兵乘车，楚亡臣伍子胥教吴王用兵，还有传说中的孙武练兵），但不能掩盖的一点是，在吴楚争霸过程中，楚攻吴守之势保持不变。

其中最显而易见的原因就在于，楚国地广，而吴国地狭，人力物力方面，楚强吴弱一目了然。导致的结果，就是吴国从国势到政局都面临巨大挑战。比如，吴王诸樊就曾在巢湖附近与楚国作战时，中箭而亡。发展到诸樊之侄吴王僚时，国家已经颇为孱弱。伍子胥为公子光寻来刺客专诸刺杀吴王僚。专诸口中说出"母老子弱"[②]，与其说是专诸担心行刺后，无人照料家人，不如说是道出了疲于战事的吴地民众的苦衷。而吴国的真正变强，要从诸樊之子阖闾时期才

---

① 《左传·昭公四年》：楚子以诸侯伐吴……使屈申围朱方，八月甲申，克之。

② 《左传·昭公二十七年》。

逐渐展现。

阖闾即位后，吴国得到了两股外援。第一，从申公巫臣、伍子胥到伯嚭这些助吴抗楚的臣子都来自楚国，这些楚地亡臣应该都给吴国带来了战争技能的提高。第二，伴随吴国实力提升、数败楚国的，是同时出现在吴国的众多名剑与铸剑、铸兵传奇。其中就包括了鱼肠、磐郢、湛卢等众多品质卓越，至今留下传说、引人遐想的名剑①，以及后人耳熟能详的干将、莫耶、欧冶子、"吴作钩者"等作剑名匠的铸剑事迹②。

吴地名剑冠盖天下，这点为各地出土的吴王光剑（阖闾）、夫差剑、诸樊剑等物质文化遗物所证实。今日考古发现，"吴王光剑"在山西、安徽曾经出土二柄，"吴王夫差剑"在山东、河南、湖北等地共出土九柄。这些"干越之剑"名声之赫，甚至令古代的文献作者感到困惑，使得《吴越春秋·阖闾内传》在提到曾为吴王阖闾铸剑的名匠干将时，特别强调"干将者，吴人也，与欧冶子同师，俱能为剑"。结合上一章中的"楚干将"来看，此处干将的籍贯被定成"吴人"，或许并非古人的笔误，而只是反映了一种人群迁移定居后所带来的技术传播的事实。

无论是吴王阖闾时期涌现的楚亡臣，还是铸剑传说都提示我们，楚国在东进过程中推动的人群迁移，最终为吴国提供了抗楚的动力。在上一章中，已知楚国为控制鄱阳湖盆地的铜矿和人力资源，大肆讨伐干越，促使干越人群东迁一事。而鄱阳湖平原又恰好位于

---

① 　《越绝书·越绝外传记宝剑第十三》记录了更多剑名。
② 　《吴越春秋·阖闾内传》。

吴国所在长江下游三角洲以西。《管子·小问》记载，"昔者吴、干战，未龀不得入军门。国子摘其齿，遂入，为干国多"。这段话说明，干越有一种以"凿齿"仪式作为成年礼的习俗，未成年者不得参军；干越入吴时曾有激战，而战况之烈，以至于未及凿齿的少年也纷纷欲战，折齿入军营。战争的结果，则是干越人群为吴国所吸纳，使吴国实力倍增。

当吴国接纳了来自楚国的两股外援后，果然走上强国道路，给予东侵的楚国最强回应。与此类似，可以参见周、郑东迁后导致的齐国变强，阻止了春秋初期的郑国东进。然而，楚强吴弱的整体局面，不是寓居长江下游三角洲"区区在滨海"的吴国可以改变的，取胜时易，守胜时难。何况，楚国推送的人口、技术资源并不为吴国所独享，另一位继承者将很快撬动吴国的根基。

越国居上

对于毕力抗楚的吴国来说，干越远远不够。在吴国南部，还有一个越国。越国见诸史籍较吴国更晚，恰与吴王阖闾时相仿。两国一衣带水、言语相通、风俗相近，有"交亲"之谊。《吴越春秋·阖闾内传》讲述了两国交恶之由。阖闾在倾师攻楚前，曾"以越不从伐楚，南伐越"。结果吴国胜出。

结合当时越王允常的抗辩："吴不信前日之盟，弃贡赐之国，而灭其交亲"来看，越国确曾与吴国结盟抗楚，彼此间还有"贡赐"关系：越人为吴出兵，吴国对越给予赏赐。虽然《吴越春秋》成文较晚，但结合其他文献来看，吴、越的这种亲近关系确有其事。比如《左传》提到吴人曾经"伐越，获俘焉"，并委任越卒担任水军守卫（"使守舟"），只不过后来阖闾的叔父余祭"观舟"时，被越卒弑杀[1]。另有更晚的文献也提及，愤于越大夫子余不用自己的贾人转投吴国、并为吴国操巨舟余皇以伐楚[2]，不一而足。同时，还可参考前述吴国伐齐时，越王支援"甲二十领，铁屈卢之矛，步光之剑"和士卒三千人。

---

[1] 《左传·襄公二十九年》。
[2] 《郁离子》。

由此可见，吴国从越国得到伐楚的重要助力，然而随着吴楚战事的频发、因厌战而导致的"越不从伐楚"，便逐渐激化了两者的矛盾。前496年，阖闾又伐越国，却在前次取胜之地遭遇挫败，并伤重而亡。而之后三年吴王夫差对越王勾践的胜利，并没有让吴国得到安宁，因为楚国的威胁仍在，而越国还在壮大。

　　首先，早期吴国或以俘虏方式获得越国军事支援，后期则以赏赐来激励更多合作。比如，吴国以贷粟的形式[①]，赏赐越军的效命。古人眼中的"贡赐"遮蔽了吴、越关系的本质，吴国表面赐予越国的"粟"，事实就是购买越国武力援助的花费。然而，随着越国愈发抵触出兵，购买的"价格"也水涨船高，最终使吴国无力承受——故事里的吴国把粟给了越国，直接助长了越国更快的人口增长；而作为购买的一方，吴国只能承受连年战争阴影下生产力的凋零。

　　其次，吴国兴起所倚重的外来人口资源，同样惠及越国。《国语·越语》描述，"勾践之地，南至于句无，北至于御儿，东至于鄞，西至于姑蔑"，概括了越国当时的实控范围：北面与吴接壤，三面被大海群山环抱；越国的西部"姑蔑"，即浙西腹地金华—衢州盆地，乃是浙西沟通江西的必经路口。换句话说，这里连着"干越"生活过的鄱阳湖以东平原。不久之前，干越在楚国的东进过程中，消失于赣东、皖南的群山。其中一部分沿着长江进入吴国境内，另一部则自然寻道姑蔑，挺进到越国腹地。

　　在小说家的笔下，越国的崛起还伴随着兵弩之术的提升。《吴越

---

　　① 《史记·越王勾践世家》：越大夫种曰："臣观吴王政骄矣，请试尝之贷粟，以卜其事。"请贷，吴王欲与，子胥谏勿与，王遂与之。

春秋》提到勾践从越国南部聘请了一位"越女"，教授"剑戟之术"，就是后世传闻的"越女剑"；还从楚国与越国交界处，聘请了楚国的射弩高手，教授弩箭。这或许更暗示了楚、越之间的深层联系——拥有剑戟、弓弩之术和人力资源的浙西（或更西部）人口，源源不断地加入了浙东越国的战阵。因此，当前482年，越人伐吴的部队里，出现了来自金衢盆地姑蔑人的旗帜后①，吴国就再也没有抵挡住越国的攻势了。

吴国所拥有的铸剑技术和人口资源，同样为越国所拥有。更重要的是，常年为吴征战的越国，还从吴国的赏赐中，以越来越快的速度扩大着对吴国的人口优势（这不是通过过去认为的"十年生聚，十年教训"就可以简单实现的）。面对这样的窘境，表面上实现抗楚成功的吴国，终于不得不在这战略上达到鼎盛之际，选择一条注定的北遁之路。

---

① 《左传·哀公十三年》：弥庸见姑蔑之旗，曰："吾父之旗也。不可以见仇而弗杀也。"

"能居"之地

南有越，西有楚，东有海，摆在吴国面前的道路只有一条。现在，我们可以回看前484年时孔门弟子子贡眼中的艾陵之战。

其实，此战之前，吴国已经和齐、鲁发生了数度交战。前487年，吴国攻击了山东半岛西南部的鲁国，据说鲁国大夫微虎从他的"私属徒七百人"中选出三百名，欲突袭吴王，吓得吴王"一夕三迁"，最后中止了军事行动①。然后是前486—前485年，开掘了邗沟的吴国开始连续攻打齐国，但都被齐国击退。而最后的艾陵之战是其中唯一胜绩显著的一次，可伍子胥对此依然发表了"得志于齐，犹获石田也，无所用之"②的悲观看法。

而且，取胜之后的吴国并未趁胜进取，反而连续两年与北方诸国主动谈判、展开会盟。第一次是前483年与卫、宋、鲁三国的会谈；第二次是对吴国来说最重要的一次会盟，即前482年与晋国等北方诸国在黄河北岸举行黄池会盟。即使在第二次被后人认为是"称霸"标志的黄池会盟之时，吴国也没有占据任何上风，甚至发生了

---

① 《左传·哀公八年》。
② 《左传·哀公十一年》。

向鲁国讨要粮食的情况①。夫差打算攻击未参加黄池之会的宋国，吴国大宰嚭劝诫夫差："可胜也，而弗能居也。"②这时在吴国本部，就发生了越国北破吴国的事情。再往后，吴国的命运就全部掌握在其南境越人的手中了。

吴国北进的目的其实被大宰嚭一语道破，即便攻下宋国也"弗能居也"，吴国还是要寻找"能居"之地。虽然吴王夫差南归之后就被越国困住，再无法北进。但吴国的命运在其继任者越国身上完全重现，可以帮助我们复原吴王最后的意图。

灭吴之后一年（前472年），越国便替代吴国，沿着郯庐断裂与鲁国接壤③。在这之后，越国屡次介入邾国、卫国，乃至鲁国的政治纠纷，鲁哀公甚至"欲以越伐鲁，而去三桓"④。《竹书纪年》记载，"于越徙都琅琊，在晋出公七年"⑤。从中我们获得了越国核心人群向北移动的时间（前468年）和地点（苏北赣榆之琅琊⑥）。由此，我

---

① 《左传·哀公十三年》：吴申叔仪乞粮于公孙有山氏，曰：佩玉繠兮，余无所系之。旨酒一盛兮，余与褐之父睨之。对曰：粱则无矣，麤则有之。若登首山以呼曰："庚癸乎！"则诺。按：公孙有山是鲁国大夫，与申叔仪为旧相识，军中不得出借粮食，故教之隐语，且告无细粮，只有粗粮可借。

② 《左传·哀公十三年》。

③ 《左传·哀公二十三年》：秋八月，叔青如越，始使越也。越诸鞅来聘，报叔青也。

④ 《左传·哀公二十七年》。

⑤ 钱穆《先秦诸子系年》卷二："于越徙都琅琊，在晋出公七年，正当鲁哀公二十七年。是岁，越使后庸来正邾鲁之界，公与盟平阳，盖即越北徙时矣。"而《孟子·离娄下》"曾子居武城，有越寇"、《墨子·非攻中》"东方有莒之国者……东者越人夹削其壤地"，《墨子·节葬下》"南有楚越之王"，以及《战国策·魏策四》"绳恃齐以悍越，齐和子乱，而越人亡缯"等语都反映了越人北迁的事实。也参见蒙文通，"越史丛考"，收入《古族甄微》，第416—418页。

⑥ 见钱穆，"越徙琅琊考"，收入《先秦诸子系年》（卷二），第128—132页，"余疑勾践琅琊，实应在赣榆，不在诸城。此地亦近'郯庐断裂带'的北部出入口——郯城。也见马雪芹，《古越国兴衰变迁研究》，第218—221页。

们可以发现，无论是越国还是吴国，都以北迁寻找"能居"之地作为自身的核心目标。

越国北进的势头至战国中期依然不减。史载，楚威王时（前339年—前329年在位），越王无彊"北伐齐，西伐楚，与中国争强"①。吴越故国的历史，最后以楚威王兴兵伐越，杀越王无彊，尽取故吴之地、越地分裂而"服朝于楚"告终②，此时与齐、鲁接壤的不再是越国，而换成了楚国。齐国的君主也从姜姓后裔，换成了陈国流亡贵族公子完的后代，这是后话。

由此可见，子贡眼中的"存鲁，乱齐，破吴，强晋而霸越"，实是一个庞大体系的各个局部图景。要为这个体系的运行注入动力的话，则需要加上前一章中揭示的秦、楚。楚国迫于秦国的压力东进，又推动干越进入吴、越，令两国短期内获得人力（人口数量）、物力（铜矿、铜兵制作技艺）的极大提升，先后为吴、越带来崛起的动力。

吴国在抗楚中拼尽全力，非但未能一劳永逸，还耗尽了自身的物质积蓄和良好的族群间关系。子贡口中所谓吴国"国家敝以数战，士卒弗忍；百姓怨上，大臣内变"并非虚言，而且"以越不从伐楚，南伐越"，更是将自己置于极为不利的境地。因此，这位北方观察者眼中"救鲁伐齐，威加晋国，诸侯必相率而朝吴，霸业成矣"的壮阔图景，并非吴国称雄中原的豪举，只是其迫不得已北遁的结果。巧合的是，倾族北进的吴国恰好败齐于艾陵，解了鲁国之围，也为子贡一展雄辩之才提供了一朝难得的舞台。

---

① 《史记·越王勾践世家》。
② 《史记·越王勾践世家》。

从周、郑东迁开始，分别由晋国和楚国接力的三次东周人口迁移大潮至此已经全部涌起。其最后一波，更是通过吴、越两国的先后接力，重重地拍在黄河下游诸国的身上。面对这样如潮的人口迁移和国家重组，黄河下游的居民们陷入了深深的思考。如何面对西来、南来源源不断的强国逼近，如何以本身有限的产出应对永远不期而至的外敌迫境，如何在守成还是革新之间取得平衡，为包括子贡及其导师孔子在内的众多思考者提供了极为现实的思想竞技题。

孔子第七

幸运与不幸的孔子

公元前497年，即周敬王二十三年，晋国的六卿中，中行氏和范氏与其余四卿为敌，双方交战于朝歌。齐国与卫国联合，支持二卿，站在他们一边的，还有鲁国。当时代理鲁相的孔子在"堕三都"的斗争中，受挫于三桓的势力，离任去齐。旋即返鲁去卫，与弟子们一同开始了周游列国的旅程。

这一年，孔子五十五岁，已经过了"知天命"的岁数。但他是个幸运的人，因为他高寿，享年七十三岁（已经远远超出中国古人的平均寿命），还有十多年可以在各国间建立自己的学术声望。但他也是不幸的人，每到一个国家，那个国家没过多久就受到内、外战乱的威胁，影响孔子一行安危，构成了他前往另一个国家的动因。

其实，这不是孔子第一次离开鲁国。他年轻的时候去过东周国，据说曾向周王室守藏室史老聃"问礼"，当时周室正发生"王子朝之乱"，周敬王外逃，他的叔叔王子朝占据了王都洛邑。第二年晋国召集各国接济周王，主持勤王的正是晋卿赵鞅。三十五岁时，孔子还因为鲁昭公和国内三大贵族"三桓"首领季平子开战，东逃到了齐国。但齐相晏子反对儒者，建议齐景公不要委孔子以重任。孔子在齐国三载，未能立足，只得返鲁。

此后孔子居鲁十余年，经历了鲁昭公的流亡，三桓成为鲁国事实上的执政者；吴国攻楚，楚国遭受重创；齐鲁结盟，共抗晋国；位于晋国东部和南部的卫、郑也从东周之初东扩西阻的对手，变成了共抗西敌的盟友。而孔子则在短期出仕之余，把时间用于招收弟子和讲学，他的大部分弟子都是这段时间里收的。

由于始终未能解决三桓与鲁侯之间的权力之争，让各项军政大权重归鲁定公手中，孔子很快卸任了短暂的大司寇职位，开始了真正意义上的周游列国。在之后的十余年中，孔子在各国之间颠沛流离。前493年，孔子离开卫国南下，这时晋国占领卫国戚城，齐、卫伐晋在即。他在途中过曹，适宋、郑，都没有找到合适的位置，不是被人企图杀害（宋国），就是"累累若丧家之狗"（郑国），直到到了陈国方才安居下来。

前489年，孔子离开陈国，前往蔡国，因为他居陈期间，频频遇到楚、晋、吴侵陈，居之不易。他刚到蔡国，又遇蔡侯为避楚国攻伐，迁去吴国境内，只能再度前往卫国。这次，就在陈、蔡之间，遭遇了著名的粮绝事件。《史记·孔子世家》言，陈、蔡之人"围孔子于野，不得行，绝粮"，当是战争状态使然。

前488年，孔子一回到卫国，即遇晋国侵卫。但这次，他一直坚持到前484年，才离开了居住五年的卫国，回到了故乡鲁国。此时已经是吴国开邗沟北进，介入齐、鲁政治，孔门弟子子贡将要纵横捭阖之际。

孔子最后一次返鲁时，已经六十八岁，他在故乡度过了最后五年的时光。曾摄鲁相事，又在卫、陈等国间辗转，此时的孔子对从政已经心灰意懒。虽然身处动荡之世，每到一国往往遇到诸侯攻伐（他在各国间的游走在很大程度上都与此有关），但他依然通过与弟子间的频繁交流，在《论语》《礼记》和《孔子家语》中，为我们留下了一个春秋时代末期、身居黄河下游的思想家对当下和未来的思考。

在鲁哀公十六年（前479年）时，孔子以七十三岁高龄去世，而在此两年前，他已经编不动鲁国的国史《春秋》——《春秋》到前481年就结束了。

孔夫子的理想国

孔子在世时，积极参与并努力实践的政治抱负，并没有留下太多实际的成就（除了帮鲁国拿回被齐国所占土地），但他始终没有放弃的，就是对自己心中那个"理想国"的向往。正是这个不竭的思想源泉，在他身后的二千多年的时间里，始终浇灌着后人的心灵之田。

孔子"理想国"的模板来自他向往中的尧、舜、禹的时代。他在《论语·泰伯》篇中，就毫无保留地歌颂了这三位先王的功绩，比如，称尧："大哉尧之为君也！巍巍乎，唯天为大，唯尧则之。荡荡乎，民无能名焉。巍巍乎其有成功也，焕乎其有文章！"这样美好的时代，具体来说，就是《礼记·礼运》中所谓"老有所终，壮有所用，幼有所长，矜寡孤独废疾者，皆有所养"的"大同"景象①。

当然，"大同"过于遥远，相比这些久远的先王，孔子更推崇

---

① 《礼记·礼运》：孔子曰："大道之行也，与三代之英，丘未之逮也，而有志焉。大道之行也，天下为公，选贤与能，讲信修睦，故人不独亲其亲，不独子其子，使老有所终，壮有所用，幼有所长，矜寡孤独废疾者，皆有所养。男有分，女有归。货恶其弃于地也，不必藏于己；力恶其不出于身也，不必为己。是故谋闭而不兴，盗窃乱贼而不作，故外户而不闭，是谓大同。"

吸取了夏商之精华的周代制度："周监于二代，郁郁乎文哉！吾从周。"① 而周代的好处自然在于"周有大赉，善人是富。虽有周亲，不如仁人"②。这种美好的社会就被对应地概括为"小康"③。从诉求上讲，大同与小康并无本质区别，都是实现一种人们安居乐业的生活状态；区别在于，前者天然存在、无需额外条件，而后者需要执政者加以制度的保证。这种制度，就是孔子思想中最核心的"礼"，保证"礼"得以实施的人被称作"仁人"，其所具有的品德，也就是"仁"。

孔子认为，"礼"首先应在国家层面上，得到统治者的推广。其体现在于各种祭祀，包括天、地、祖先、山川、五祀（门神、灶神之属）④。其中每一项并非空泛之谈，而是都有实际含义，比如祭天的意义在于，天气的变化决定播种、收割等农时农事的对应；五祀则涉及日常生活的各种制度、规则。其次，"礼"在更加具体的日常层面上，还直接体现在"货力、辞让、饮食、冠昏、丧祭、射御、朝聘"⑤等，涉及每个人生活的方方面面。

在《礼记·礼运》中，孔子向弟子言偃展现了他以"礼"为核心的理想世界，并阐明了讲"礼"的目的和意义，在于"礼者君之大柄也，所以别嫌明微，傧鬼神，考制度，别仁义，所以治政安君

---

① 《论语·八佾》。

② 《论语·尧曰》。

③ 《礼记·礼运》：禹、汤、文、武、成王、周公，由此其选也。此六君子者，未有不谨于礼者也。以著其义，以考其信，著有过，刑仁讲让，示民有常。如有不由此者，在势者去，众以为殃，是谓小康。

④ 《礼记·礼运》：先王患礼之不达于下也，故祭帝于郊，所以定天位也；祀社于国，所以列地利也；祖庙所以本仁也，山川所以傧鬼神也，五祀所以本事也。

⑤ 《礼记·礼运》。

也"。不过，这些"治政安君"之道并不完全为各国君主所理解。令身居卫国的孔子不由向弟子冉有感叹道："苟有用我者，期月而已可也，三年有成。"①

事实上，孔子曾经拥有过数年的施政经历：他于五十一到五十五岁期间（前501年—前497年）担任过鲁国的中都宰，并以大司寇行相事。他的施政经历以"堕三都"失败而告终。或许是觉得自己以"礼"为核心的治政安君策略过于抽象，孔子晚年时又向另一位弟子曾参，也就是未来的曾子，进一步阐明了"礼"的实际用途。只不过这次，孔子把说法换成了更加直白的"明王之道"。

曾子先替孔子向我们解释了何谓"明王"——"不劳不费之谓明王"②。孔子指出，要实践与古代贤君一样的明王之道，需要做好"七教"和"三至"两大方面，实现"内修七教而上不劳，外行三至而财不费"，达到不费公帑也能守卫国家、外征强敌的强国目的。反过来说，"既劳又费"就是阻碍东周国家实现礼制明邦的最大阻碍。简而言之，军役、军费繁重，还总没有尽头。那么，"七教"、"三至"何谓：

> 上敬老则下益孝，上尊齿则下益悌，上乐施则下益宽，上亲贤则下择友，上好德则下不隐，上恶贪则下耻争，上廉让则下耻节，此之谓七教。
>
> 至礼不让，而天下治；至赏不费，而天下士悦；至乐

---

① 《论语·子路》。
② 《孔子家语·王言解》。

无声，而天下民和。明王笃行三至，故天下之君可得而知，天下之士可得而臣，天下之民可得而用①。

为了帮助年轻的曾参理解一个完美国家的运行方式，孔子先用七组"上、下"对偶的排比句，具体描述了"礼"在操作层面的内容和社会功能。而这就是一种"仁君"的统治方式，它将为国家的良好运行提供社会大众的支持②。当国家遵循"七教"，走上正轨之后，则可以通过"三至"，来实现"明王"的完美统治：对天下的贤良给予最大的尊崇（至礼），给天下的士人给予最不吝啬的奖赏（至赏），向天下的人民给予最好的礼乐（至乐）。有了这样的管理机制，能使君主得到百姓的拥护，民众亲附，军队出战得胜还朝③。

有如上古贤王的当代"明王"/仁君，具备各种惜民、尚贤、兼听、明察的美德，其所建立的令所有人都满意，内部稳固、对外无敌的最佳国度，就是孔子心中始终追求的那个"理想王国"。

然而，当居卫的孔子再次面对冉有困惑的眼神时，他对自己心中这个"理想国"的建立，也未必如当初那般坚定。子曰："如有王者，必世而后仁。"④孔子大概也明白，已过耳顺之年的他将无法再拥有另一个三十年，期待一位能带来仁政的明王了。

----

① 《孔子家语·王言解》。
② 《孔子家语·王言解》：人君先立仁于己，然后大夫忠而士信，民敦俗璞，男悫而女贞。
③ 《孔子家语·王言解》：故明王之政，犹时雨之降，降至则民悦矣。是故行施弥博，得亲弥众，此之谓还师衽席之上。
④ 《论语·子路》。

可望而不可即的理想王国

无论是《礼记》中的"大同"、"小康"，还是《孔子家语》里的"明王"之治，都是孔子心中渴望的理想社会，但两者之间存在细微而关键的差异。

在"大同—小康"社会的叙述中，正因为古代圣王的国度具备完善的管理制度，使得社会在面对各类情形时都能以最合适的方式予以应对——老有所终，壮有所用，幼有所长，矜寡孤独废疾者，皆有所养——呈现一种理想、攸乐的状态。这里的"理想国度"是一切的原因，种种符合"礼"制、井井有条的社会状态则是结果。

而在"明王之道"的实践过程中，他所期待的"明王"并非天然拥有一个完备的国家，甚至处于一种"上劳、财费"的不利局面之下。但孔子认为，如果能使"内修七教而上不劳，外行三至而财不费"得到彻底实施，确保社会的每一个方面都走在合"礼"的正确轨道上，最终就能重新回到大同—小康的理想社会。在这里，对"礼"制的不懈追求是因，而完美的"理想国度"则转变成了结果。

现在，我们很容易就能发现这里存在的逻辑差异。一个理想的大同—小康社会能让社会的每个方面变得合理、美好，但反过来，即便人们在所能想到的社会的每个方面，都依照设想的"礼"（制度）

去实施，其实并不能实现一个完美的社会。好比说，积雨云中的雷电来自正负电荷的放电现象，会产生闪电和雷鸣两种现象；但将巨响和闪光组合在一起，并不会重现雷电本身——因为，"礼"是大同—小康社会的必要非充分条件。

《礼记·礼运》谓，"禹、汤、文、武、成王、周公……此六君子者，未有不谨于礼者也。……是谓小康"。可见，受到孔子所推崇理想国家的典范，都是古代王朝最强盛的阶段。以西周初期的"文、武、成王、周公"几朝来说，毫无疑问是两周时代最受景慕的典范，其中有关国家与礼制的关系为我们提供了最有参考价值的范例。

比如，在《尚书·周官》开篇，就明确给出了周成王之所以强调制度建设的背景："成王既黜殷命，灭淮夷，还归在丰，作《周官》。"即只有在周师以压倒性的军事实力威服四方后，周王才回到国都丰邑，开始"董正治官"[①]。这里的承启关系，从本书首章既已明确，周人曾以卓越的战车优势取得了克商之后一系列西讨东征的胜利，其中就包括上述周成王的"灭淮夷"。在这样无往不克的鼎盛时代，"周有大赉，善人是富"。而后世流传，受到孔子所推崇的"礼乐"制度也来自这个时代。

然而，随着西周中后期周人深陷南北两线铜、马战争而无法自拔时，就出现了社会运行的各种问题，即便其所秉持的依然是周初的礼乐。一言以蔽之，在不断取胜的国家，所有制度看起来都是好的；在屡战屡败的国家，所有制度都似乎存在缺陷。

---

① 《尚书·周官》：惟周王抚万邦，巡侯、甸，四征弗庭，绥厥兆民。六服群辟，罔不承德。归于宗周，董正治官。

由此来看属于"明王"的"七教三至"更会发现，要实现一个成功的国家，所要求的远不仅是执政者的"仁心"，更重要的是背后国家实力的支撑。以"上敬老则下益孝，上尊齿则下益悌"这一未来"敬老爱幼"美德的原型观之，周人的养老从"五十岁"①开始，其标准福利即"五十不从力政，六十不与服戎……"（五十岁免于徭役，六十岁才能免于兵役从征，对于平均寿命不足四十的古人而言，显得并不优渥。）而达成这一目标最直接的方法，就是一击必胜或以强大实力威慑外敌，令年长者免于出征之苦，年幼者免于失怙之忧，似乎这才是实现"仁政"的有效手段。

就孔子自身的感受来说，"仁"同样离不开强大实力的支持。他在《论语·宪问》中，曾举齐相管仲作为"仁"的典型代表："桓公九合诸侯，不以兵车，管仲之力也！如其仁，如其仁！"②虽然在孔子眼中，管仲通过诸侯会盟、谈判的手段兴亡继绝，减缓了周、郑东扩推动的第一波人口迁移浪潮，但如果没有齐国的强盛与"兵车"，单凭管仲之力显然是不够的。最好的例子，莫过于前500年孔子以代理鲁相身份与鲁定公出席夹谷会盟，奉行"有文事者必有武备，有武事者必有文备；古者诸侯出疆，必具官以从"③的（外交）礼制原则，预先安排左右司马派兵防范，不但制止了齐景公"使莱

---

① 《礼记·王制》：凡养老……周人修而兼用之。五十养于乡，六十养于国……

② 《管子·小匡篇》《史记·齐太公世家》分别提到齐桓公"九合诸侯"中有"兵车之会六""兵车之会三"，显示了齐国实力的存在。朱熹对此也曾提到："不以兵车，言不假威力也。"元陈天祥《四书辨疑》卷七说："仲为霸者之佐，始终事业不过以力假仁而已。"因此似乎可以终结"兵车"与"仁"孰重的争论。

③ 《史记·孔子世家》。

人以兵劫鲁侯"①的阴谋，为鲁国夺回失地，而且也打破了人们关于"孔丘知礼而无勇"的刻板印象，为他的政治理想写下更为积极、兼具能动性的注脚。

因此，从社会层面而言，敬老与尊齿（同样意味着幼儿父母得以居家，未去远征）并不能单方面由个人或家庭实现，其之所以成立的逻辑与国家攸同。当国家运行良好，四境安靖时，徭役和兵役或能减少，早日"养老"方能实现。反之，当国家陷入危机，边境不宁时，即使六十耳顺之人，依旧难免披甲。这一切将使个体的孝、悌失去现实意义和实践价值。

最终，孔子叹道："呜呼哀哉！我观周道，幽、厉伤之，吾舍鲁何适矣！"②

---

① 《左传·定公十年》。
② 《礼记·礼运》。

君子之礼的失败

回到孔子与鲁国，他认为周人的"明王"之道在西周末期陷入衰退，而他所在的鲁国作为周公的封国，具有周初之礼复兴的最后可能性。这是他积极入世，希望通过参政实现自己的理想王国的根本原因。

然而，他或许无从意识到，春秋各国所作出的选择，与他身处的宏大时代相互交织。孔子身在山东半岛西部的鲁国，处在东亚人类迁移的交汇点上，沿着东部海岸线，吴国正在北进，破灭了孔子仕齐景公的可能。沿着黄河，晋国正在东压，让卫国无暇接受孔子的建议。而楚国沿着淮河向东前行，让陈国也供养不起孔子一行。位于黄河最下游的齐国被这三股势力压迫，时不时还要反弹到鲁国一下，让鲁国成为"四股"力量抗衡的"受力点"。

孔子治学、参政的出发点与鲁国的三桓有关。三桓的强势，僭越了鲁侯原本的权威，使原本的君臣之礼名存实亡。然而这种状况既无法全部归咎于三桓，又不能游离于鲁国所面临的局势之外。事实上，由于鲁国夹在几股力量的漩涡之中，鲁侯左支右绌无能为力，只能依靠国内现有的几大贵族。比如，前645年楚国伐徐，孟氏的公孙敖就以鲁国主帅身份领兵救徐。由于强敌环伺，领兵的贵族往往不及卸任，就将再度领兵出征，使得军事权力（及相应的征赋权）逐渐固定聚集在对应的家族手上，如此一来，鲁侯的可控人口就渐少，势力也日逊于三桓①。（与鲁国相反的例子则是齐国，"高、国、鲍、晏"等公族因外战而凋零，给了移入的田氏取齐之机②。）这样的局面，非一蹴而就，成为孔子在鲁国施政时无法打破的僵局。

孔子离开鲁国前往卫国，希望能在这个鲁国的同姓国家得到重用③，但只留下对卫灵公的糟糕评价④。其中一个原因或许在于，时值齐、鲁、郑、卫等东方国家抵御西面晋国的行动正在进行之中，卫灵公所关心的只是"军旅之事"，而孔子自认所能提供的"俎豆之事"⑤，大抵只有改善"礼乐不兴、刑罚不中"⑥的作用。

当然，旅卫之行，给了孔子重要的启发，使他感悟在强调"礼乐刑罚"之前，更应该建立让国家与百姓富裕的基础⑦。所以，等孔子周游列国归来，再次回到鲁国，鲁哀公问政于他时，孔子不再急于"礼乐"的施政方案，而提出了更加务实的举措："政之急者，莫大乎使民富且寿也。"而当哀公又问，如何保证"民富且寿"时，孔子给出了这样的方案："省力役，薄赋敛，则民富矣；敦礼教，远罪

---

① 《春秋左传正义》：（鲁襄公）十一年初作三军，十二分其国民，三家得七，公得五。国民不尽属公，公室已是卑矣。

② 《史记·仲尼弟子列传》。

③ 《论语·子路》：子曰："鲁卫之政，兄弟也。"

④ 《论语·宪问》：子言卫灵公之无道也。

⑤ 《论语·卫灵公》。

⑥ 《论语·子路》：名不正，则言不顺；言不顺，则事不成；事不成，则礼乐不兴；礼乐不兴，则刑罚不中；刑罚不中，则民无所措手足。

⑦ 《论语·子路》：子适卫，冉有仆，子曰："庶矣哉！"冉有曰："既庶矣，又何加焉？"曰："富之。"曰："既富矣，又何加焉？"曰："教之。"

疾，则民寿矣。"①

鲁哀公并非不懂"轻徭薄赋、敦礼远罪"能使"民富且寿"的道理，然而为何知之而不为，非不愿也，是不能也。其中道理，他不好意思再问孔子，只能向孔子的弟子有若讨教"年饥，用不足，如之何？"面对粮食有限、国用不足的状况，有若提出了进一步减税的方案，并大义凛然对曰："百姓足，君孰与不足？百姓不足，君孰与足？"②

百姓足则国家足的道理不假，然而当鲁国接二连三遭遇征战时，供给不足便不再是国君单方面所能控制的。就在孔子与弟子们返回鲁国之前，正值（前488年）"吴来征百牢"③，（前487年）吴国伐鲁，（前484年）鲁国联吴伐齐、战于艾陵等一系列大规模战事的发生。这些频繁的人力、物力支出，便以"年饥，用不足"的形式不断加诸鲁国的社会生产体系，而这显然不是"君孰与足"这样的文字游戏可以解决的了。

频繁的支出，让鲁国上下都只能以增税而非减税作为主要应对手段。这边，鲁哀公将"省力役，薄赋敛"放之一旁，把原本十分之一的田税增加到十分之二④；另一边，季孙氏也开始"用田赋"。在此之前，季康子专门让冉有征求孔子的意见。孔子表示，"君子之行也，度于礼，施取其厚，事举其中，敛从其薄"⑤，但季氏也没有接

---

① 《孔子家语·贤君》。
② 《论语·颜渊》。
③ 《左传·哀公七年》。
④ 《论语·颜渊》：二，吾犹不足，如之何其彻也？按：彻，指周法十一而税。
⑤ 《左传·哀公十一年》。

受，开征田赋，为国增收。而这一年鲁国最重要的一件事，就是与吴国联合，在艾陵之战中击败了齐国。

在这场角逐中，没有遵守"君子之礼"的鲁国，击败了宿敌齐国，也击败了那个追求"君子之礼"的孔子。孔子曾经希望通过恢复周公之礼来使鲁国复兴，但他没有成功，而当他即将走向生命尽头之际，未能"守礼"的鲁国君臣却收获了一场难得的胜利。这一切也可以说，是"求变"的鲁国，战胜了"守旧"的鲁国。

此后的孔子以"七十而从心所欲，不逾矩"的心态，度过了他生命中的最后岁月。

给未来一些变化的理由

生活于东周时代春秋与战国的分野，孔子的思想和命运深嵌这个时代的脉络。面对两个半世纪以来东亚大陆自西向东的三波人群迁移浪潮，位于平原东部包括鲁国在内的许多国家都深受冲击。大国在东迁中扩大领土，吸纳人口，无数的小国则经历了被击溃后的或亡或（东）迁。剩下那些稍能喘息的，则在思考如何应对这愈演愈烈的侵并狂潮。

身在鲁国的孔子不能不考虑这个时代的命题，他以强大的西周初期作为强国的模板，以当时"文、武、成王、周公"的小康之治作为改革的方向，留给我们一个充满张力的"礼制"的宝库。从这个意义上讲，孔子并非通常的保守者，同样也是一个改革者。他想整肃鲁国制度松弛、权臣僭越之状，也想改变"天下无道，则礼乐征伐自诸侯出"[①]的局面，代之以一种更好的制度。于是，他把选择的方向确定为更早的"明王"时代。因此，虽然孔子所追求的礼制，看起来涉及"货力、辞让、饮食、冠昏、丧祭、射御、朝聘"等有关生活的全部方面，但其核心并不在于礼制本身，而在于通过礼制

---

① 《论语·季氏》。

重建其背后强大的国家。

只是，孔子在努力复兴西周初期制度的时候，无法解决一个最核心的技术难题：他即便可以复原"周公之礼"，但无法复原"文、武、成王、周公"时的经济、军事优势，而这才是当时"礼制"之所以成立并行之有效的关键所在。"仁"乃强盛的结果，而非原因。孔子早年抗衡三桓的尝试，是他为恢复"礼制"所作的最接近实际的努力，但遭遇现实无情的挫败。这使他后来陷入了因果倒置的逻辑困境，注定了与孔子一生如影随形的悲壮情怀。

不过，这并不能抹杀孔子对未来的深远影响；因为，他所提出的"复古"，本质上也是一种真实的变革①，而非守旧——他打算用设想出来的"古代"的"明王之道"，去改变当时所谓"不古"的时代之弊。这一切，便注定了他为后来的改革者提供了"试错"意义上的重要参考。

第一，在《国语·鲁语》中同样提到了"季康子欲以田赋"委托冉有咨询孔子一事。这个版本中的孔子和《左传》里一样质疑了季氏征收土地税的动机，但他从周公之礼中提出了一个例外条款："有鳏、寡、孤、疾，有军旅之出则征之，无则已"②。这个重要的例外显然增加了变革的通融性，为遭遇特殊情况时的对策库中，增添了一个应对的选项。因为，"军旅之出"确实已经成为东周各国最需要解决的重要开支。如果不得不接受"既劳又费"的事实，那么力保一胜，总好过赔上一败。

---

① 从某些意义上讲，类同两千多年以后康有为提出的"孔子托古改制"。
② 《国语·鲁语》。

无论是《国语》还是《左传》的版本更贴近历史真相，这都无法阻止未来从儒家——周公礼法的捍卫者——当中诞生的变法者，将以"法家"之名对东亚大陆的人类活动产生更多影响。毕竟，从某种意义上讲，法家是一种相对"旧法"而言，新礼法、新制度的倡导者。

第二，孔子的许多追随者们并没有放弃，他们继续坚持孔子对"明王"之道的追求。只是，他们认为之所以未能实现"圣王"之治，是因为对古代礼仪（制度）的效法还不虔诚、逼真。这让他们笃信只要再肖像一些，就能最终实现明王之世，从而走上了某种缘木求鱼的路径。

正如孔子在《论语·学而》所言，"孝弟也者，其为仁之本与！"原本具有完整的逻辑关系，"上敬老则下益孝，上尊齿则下益悌"，即当国家强盛、四境平安时，执政者就能展现仁政的一面：让国内的民众免于操劳，年长者得以修养，年幼者健康成长；那么子女便有机会赡养父母（而不是父母因劳役、军役早殁），幼年的弟妹也有机会亲近兄长（而不是过早体验到长兄的从征不归）。然而，当国家强盛不再，四境起火，当孔子的追随者们无法约束"在上位者"敬老、尊齿，而只能以更严厉的"孝弟"加诸自身时，这种因果倒错的逻辑关系，除了加重民众的疲惫外，并不能重建一个"禹、汤、文、武、成王、周公"时的盛世。

目睹这种疲惫与无奈，即将让孔子的追随者们分别走上"复古"和"求变"这两条同源异流的道路。同时，很快一分为三的晋国，即将以对东部诸国进一步的紧逼，催生人们对"仁义"和"圣王"的新理解。

魏国第八

魏国的兴起

公元前453年，是周定王十六年，晋国四卿智、韩、赵、魏四家合战于赵氏都城晋阳。智、韩、魏三家围困赵氏数月（一说三年），最终韩康子、魏桓子与赵襄子合谋，倒戈智伯瑶，一举歼灭智氏，后成三家鼎足晋国之势。七年后魏桓子去世，孙子魏斯继承了魏氏在晋国的卿位。

魏斯与赵、韩瓜分智氏领地后，就形成赵在晋北、魏在晋（西）南偏中、韩在南的基本格局。三家中又以"赵北有代，南并知氏，强于韩、魏"[①]；而此时的晋侯只保有都城绛与曲沃二地，几乎成了魏氏的邦中之国。

居中之魏并不乐观。赵氏偏北，不与南国接壤；韩氏虽然与周、郑及楚国有接，但此时周、郑早已不能复强，而楚国则致力于东迁，与齐鲁争锋。继承了晋国核心区域的魏氏也继承了晋国西有秦、东有黄河下游诸国的格局，同时因为被赵、韩相夹，更少了向南北拓宽的可能。

面对四面受敌、国力有限、"家贫国乱"的促狭境况，魏斯在

---

① 《史记·赵世家》。

为政方面立意改革。他先后以卜子夏、田子方、段干木为师；以魏成子、翟璜为相，经营国政；以吴起为将，主攻与秦国接壤的西河；以西门豹为邺守，这是与东部各国连接之地；以乐羊为将，主攻魏国东北方的中山国，迫使后者进一步向东北迁移。而其中最关键的，则是以中山相李悝，进行了重要的社会改革。

后人将李悝改革的重要性概括为两点：第一，是"尽地力之教"，扩大农业生产，增加国家收入；第二，是制定《法经》，明确了"食有劳而禄有功，使有能而赏必行，罚必当"的"为国之道"[①]，使民众遵守法律，人心齐整。尤其是其中"尽地力"一项，以国家征集余粮的方式，鼓励扩大粮食生产，打破了之前自给自足的农业生产模式，开"重农主义"之先河。果然，此法"行之魏国，国以富强"[②]。

李悝改革使魏国焕然一新，"魏用李克，尽地力，为强君"[③]，在韩赵魏三家分晋的局面中占得了先机。前419年，魏国首先主攻秦国，西渡黄河，在少梁（陕西韩城）筑城，重新经略晋国历史上的这片故土。之后几年，两国在黄河西岸秦国一侧展开多次拉锯战。魏斯又听从李悝的建议，任用从鲁国来投奔的吴起为将军。在吴起的指挥下，魏军主动"击秦，拔五城"；加上之前魏公子击攻占的繁庞一地，魏国就基本收回了晋惠公、文公时代默认予秦的河西之地。于是，魏斯以"吴起善用兵，廉平，尽能得士心，乃以为西河守，以拒秦、韩"[④]。

---

① 《说苑·政理》。
② 《汉书·食货志》。
③ 《史记·平准书》。史学界一般认为，李克即李悝。
④ 《史记·孙子吴起列传》。

前408年，魏国"伐中山，使子击守之，赵仓唐傅之"[1]。前404年，又以"（周威烈王）王命韩景子、赵烈子及我师伐齐，入长垣"[2]。此战因为齐国田会逃亡于赵氏，齐国伐赵廪丘，三晋一同伐齐，大败齐师，攻入齐国长城，"齐将死，得车二千，得尸三万，以为二京"[3]。

通过河西抗秦，北征中山，东伐齐国，魏斯迅速巩固四域，并于廪丘之战一年后，与韩、赵两家一道得到周威烈王的册封，共同跻身为诸侯，从晋国三家大夫之一，一跃成为魏文侯。在接下去很长一段时间里，韩、赵、魏三家还将以三晋之名协同出击，南伐郑、楚，与齐、秦交战于东西两线。

魏文侯于前396年去世后，他所奠基的魏国百年基业，将由魏武侯与魏惠文王共同延续。如果说春秋时的诸位霸主或多或少都分享了由周、郑东迁开始的人口迁移红利，那么从三家分晋开始的战国旅程，除了呈现新一轮迁移潮流外，还将更多展现个体与局部对这一潮流的认知与反馈。

---

① 《史记·魏世家》。
② 《今本竹书纪年》。
③ 《吕氏春秋·慎大览第三·不广》。

晋分三家

魏国的崛起当从三家分晋（前403年）谈起，三家分晋需从晋阳之战（前453年）说起，而晋阳之战又可以追溯到约四十年前的六卿之战。

距晋阳之战约四十年前，晋有六卿，在这四家之外，还有中行氏与范氏两家。晋国六卿的起源有着悠久的历史，除了这知名的六家外，历史上还曾经有过"栾、郤、胥、原、狐、续、庆、伯"[1]等许多家贵族。从第四章晋国过往的历史可知，晋国位于汾渭地堑的东部，与秦国的关中平原是一个天然的整体，只被黄河分隔。秦国逐戎入晋，铺设了赵氏、魏氏在晋国的发展轨迹，这既造就了晋献公、文公时代晋国的强盛，也预示了晋国未来的分裂。

和当时所有诸侯一样，晋侯只掌握有限的领地和人口（周王同样如此，只有王畿是他的实控区域），当他打算通过控制更多人口来扩大领地范围时，最便捷的方式就是通婚。晋献公（和更早的周幽王）就是这样实践的，分别与进入晋国的不同戎狄部落首领通婚——娶大戎子、小戎子、骊姬——从而控制了这些部落人口及其领地。

---

① 《左传·昭公三年》。

那些与晋侯通婚部族的宗女子嗣都有机会成为合法的储君，使得外来部族团结在晋侯麾下，组成其军事力量的一部分，积极参与到"晋之百役，与我诸戎相继于时，以从执政"[1]。

与外来部族大规模通婚的情况，在晋国不是发生了一次，而是三次。第一次是秦襄公时逐戎入晋，以至有曲沃桓叔一系取代晋文侯一系。第二次是秦穆公时伐戎，以至有晋献公娶于诸戎，并有其子晋文公称霸。第三次是秦桓公逐陕北白狄入晋，以至有晋厉公派吕相"绝秦"，强调与白狄的婚姻关系[2]，以及晋悼公时的"和戎"、复霸。"和戎"能给晋国带来显而易见的实力增长，"戎狄事晋，四邻振动，诸侯威怀"[3]。

这一结盟方式的坏处也显而易见。当晋侯强大时，这一模式可以为其所用；当晋侯衰落时，就成了晋国动乱的渊薮。每个部落的首领在朝堂时都是晋国的大夫，同时也保有自己的世袭领地和军事力量。如遇出征，可以中行、智、赵、魏等大夫直接领部兵出击，毋需动用晋侯的国帑，所谓"以德绥戎，师徒不勤，甲兵不顿"[4]。但随着战事的频发，晋悼公的后人们只能任由大夫在讨伐异己中，任意扩大地盘和人口，并最后超出了晋侯本身的控制范围。

回到结束于前490年的六卿之战，当时的晋六卿划分为两大阵营，以太行山为界，东西分明：（韩、赵、魏、智）四卿在西，（范、

① 《左传·襄公十四年》。
② 《左传·成公十三年》：白狄及君同州，君之仇雠，而我之昏姻也。
③ 《左传·襄公四年》。
④ 《左传·襄公四年》。

中行）二卿在东。随着前588年晋、卫合攻赤狄余部之后[1]，晋国的实控区域就已东逾太行，侵入了历史上原属邢、卫等国的地域。在之后一个多世纪中，晋国不断东侵，向东南压迫卫、郑，向东北紧逼鲜虞、中山国。这些太行山以东的新土和新民（赤狄），就构成了中行氏与范氏的核心。六卿各有地盘，但晋国本部四卿欲再发展，东部的同僚便成为目标——本质上讲，也可以视为历史上由秦入晋诸戎，与晋国东部狄人冲突的延伸。四卿与二卿之争，太行山以东落于下风。

为了抵御晋国的压力，更东（南）部的齐、鲁、卫、郑成为东部二卿的支持者，使东西双方的实力对比，又回到同一水平。战事从前497年到前490年断断续续打了八年，常常爆发于卫国与晋国的边境，使卫国不宁，让当时居卫的孔子始终无法拥有发挥才能的完整时段，不由感叹："苟有用我者，期月而已可也，三年有成。"[2]

这场战争以四卿的胜利告终，土地名义上收归晋侯所有。但在前458年时，"知伯与赵、韩、魏共分范、中行地以为邑"，其中以智氏所分最多[3]。而当韩、赵、魏与智氏围绕太行山重新调整后，这种复刻当年六卿东西对峙的格局，最终注定了智氏的命运。

晋阳之战以智氏协同韩、魏合攻赵氏开始，最后转变为韩、赵、魏三家结盟讨伐智氏，其中细节兹不赘述，唯有智伯步中行、范氏二卿后尘值得玩味。韩、赵、魏三家都城起初都在太行山之西，领

---

① 《左传·成公三年》：晋郤克、卫孙良夫伐廧咎如，讨赤狄之余焉。
② 当时晋中牟宰佛肸叛赵氏，使人召孔子，在卫不得用的孔子打算前往，为子路所止。孔子叹曰："我岂匏瓜也哉？焉能系而不食？"见《史记·孔子世家》。
③ 《史记·晋世家》：知伯遂有范、中行地，最强。

土都为东西方向分布，当智氏占据晋国太行山以东之后，就成为三家东扩的阻碍。因此，三家共分智氏之后，标志着从山西高原直通东部黄河下游平原的路径已经彻底打通。同时，对于其中任何一家来说，都已经不再拥有从诸戎或赤狄中吸纳新援的可能了。想要图强，只能从自身"开源"。

在儒、墨间选择

回到分晋后的魏国，魏斯的领地只有原先晋国三分之一弱，欲图强国，需要现成的方法。曾经摆在他面前的富强之路有过两条。第一条道路来自孔子，虽然他的施政纲领未得实施，并且始终执着于"复礼"的方案，但不能掩盖其背后对"民富"和"明王"的追求。而且他在面对子贡问政、咨询治理国家之道的时候，也曾给出过"足食，足兵，民信之矣"[①]这样毫不含糊的解答。这足以令孔子的拥趸将其塑造成影响中国后世两千多年的变革思想之源。

孔子的追求令人信服，但他的方式在其去世前便受到质疑。在这种质疑声中，就包含了可能摆在魏斯面前的第二条道路——墨家之学。按《史记》所载，墨子即"墨翟，宋之大夫，善守御，为节用，或曰并孔子时，或曰在其后"[②]。有人提到，这位几乎与孔子同时的墨子曾学习过儒家之道，他在采纳孔子"圣王"政治的同时，也质疑了孔子"复礼"方案的可操作性，并在此基础上提出了自己的修正方案。

墨子的执政主张可以大体通过"提倡"和"反对"两个方面来

① 《论语·颜渊》。
② 《史记·孟子荀卿列传》。

实施。首先，他倡议"尚贤"、"尚同"、"兼爱"，就是国家要任用贤能，众人要保持一致的观点，以及所有人相亲相爱，不相攻伐。其次，就是反对的部分，顾名思义，包括"非攻"、"非乐"、"非命"、"非儒"几个方面。另外"节用"、"节葬"也可以归入此类，因为毕竟不能"不用"、"不葬"，有所节制已经是表示反对了。

墨子和孔子一样都认可古代"圣王"之治，"古者圣王之为政，列德而尚贤"[①]，认为那些时代之所以成功，是因为"尚贤"。而且墨子更加明确地给出了古代强盛国家的标准："古者王公大人，为政国家者，皆欲国家之富，人民之众，刑政之治。"[②]在如何实现这三者时，墨子提出，由贤者管理的国家，可以通过管理者的勤勉工作，达到政清狱简、官府税收充足、百姓粮食充沛的佳绩；他将其归纳为"国家治则刑法正，官府实则万民富[③]。在这样理想的国度，民众没有分歧（尚同），相互亲爱（兼爱），就不难实现了。

无可否认，这确实是完美的执政理念，然而，并不符合东周时期中部国家的国情——每一个国家都几乎面临来自西部的迫境压力和东部的阻力，这两种力量最终都表达为战争的形式。墨子对此也深为了解，他和鲁国国君谈起晋国智氏的灭亡时，并不以韩赵魏三

---

① 《墨子·尚贤上》。
② 《墨子·非命》。
③ 《墨子·尚贤中》：贤者之治国也，蚤朝晏退，听狱治政，是以国家治而刑法正。贤者之长官也，夜寝夙兴，收敛关市、山林、泽梁之利，以实官府，是以官府实而财不散。贤者之治邑也，蚤出莫入，耕稼树艺，聚菽粟，是以菽粟多而民足乎食。故国家治则刑法正，官府实则万民富。

家结盟为因，直陈"百姓苦其劳，而弗为用"①。当外部压力来临时，承担战争职责的百姓便深受影响，"农夫不得耕，妇人不得织"②，使理想国度失去了根基和意义。

于是，为了确保强盛国家的根基不被动摇，"国家之富"不被耗损，墨子提出了一张禁止事项列表。其中最核心的就体现在"非攻"和"非儒"中。既然战争是贤者之国最大的敌人，那么反对战争似乎是最好的解决方案。墨子曾经非常详细地分析了战争给社会带来的连续危害。战争发生后，会持续很长时间，"春则废民耕稼树艺，秋则废民获敛"，而且在军事装备、战略物资、征用牲口等方面都面临惊人消耗，最后与丧师相伴的，还有百姓的饥饿、疾病以及死亡③。加上军队本身由百姓所出，则军队的损失会对社会生产造成双倍打击。所以，反对战争是为国家节省开支的重中之重。

战争的开销很大，也不总能省下来，那么日常开支的节省就显得意义重大。儒家提倡在各项礼仪制度上模拟古代圣王时代，以求得强盛王国的回归。在墨子看来，这些对礼仪的追求构成了巨大的浪费。他认为，"以厚葬久丧者为政，国家必贫，人民必寡，刑政必

---

① 《墨子·鲁问》：昔者智伯伐范氏与中行氏，兼三晋之地。诸侯报其仇，百姓苦其劳，而弗为用。是以国为虚厉，身为刑戮，用是也。

② 《墨子·耕柱》：今大国之攻小国也，攻者，农夫不得耕，妇人不得织，以守为事；攻人者，亦农夫不得耕，妇人不得织，以攻为事。

③ 《墨子·非攻》：今师徒唯毋兴起，冬行恐寒，夏行恐暑，此不可以冬夏为者也。春则废民耕稼树艺，秋则废民获敛。今唯毋废一时，则百姓饥寒冻馁而死者，不可胜数。今尝计军上：竹箭、羽旄、幄幕、甲盾、拨劫，往而靡弊腑冷不反者，不可胜数。又与矛、戟、戈、剑、乘车，其列住碎折靡弊而不反者，不可胜数。与其牛马，肥而往，瘠而反，往死亡而不反者，不可胜数。与其涂道之修远，粮食辍绝而不继，百姓死者，不可胜数也。与其居处之不安，食饭之不时，饥饱之不节，百姓之道疾病而死者，不可胜数。丧师多不可胜数，丧师尽不可胜计，则是鬼神之丧其主后，亦不可胜数。

乱"①。儒家鼓励居丧三年，固然有着"禁止大国之攻小国"的实际效果，但不利于人口、税收、国力的增长，使国家无以强盛。而厚葬所需的厚棺、财物、人殉等陪葬品，更是"辍民之事，靡民之财"②。此外，儒家所推崇的音乐、对天命的顺从态度，也被墨子列入了靡费的行列。

站在儒家"复古主义"的另一边，为墨家赢得了与儒家并列的显学地位。但两者的收效似乎都不显著，其原因或许在于，两者都陷入了"建立贤者管理的强盛国家的基础是国家本身足够强大"这一因果循环的困境。其间的差异在于，儒家做了一道加法，而墨子做了一道减法。墨子的减法，以节省一切不必要开支为核心；而用从原本拮据的收入中节省下来的资财，去填补一个难以见底的支出黑洞（战争）时，只能收获更大的穷困。不过，儒家方案旨在为社会增加各种礼仪、礼法上的要求，却为新制度的出现提供了可能。

---

① 《墨子·节葬下》。
② 《墨子·节用下》。

从自给自足到劳动分工

在两种方案面前，魏斯选择了改良版的儒家。毕竟"善守御，为节用"这样保守的策略不像是为具有雄心、即将位列诸侯的魏氏首领所准备的。

魏斯乃请孔子弟子卜商（子夏）入晋，"子夏居西河教授，为魏文侯师"①。在孔门弟子中，子夏以文学著称，也有从政经验。他为莒父邑宰时曾问政于孔子，得到回复，"无欲速，无见小利。欲速则不达，见小利则大事不成"②，留下"欲速则不达"一语。此事原委不详，然而从中亦可知子夏除了"礼"之外，也能"见小利"且"欲速"。子夏在魏授徒无数，其中最著名的几位都对魏氏的执政方略，产生重大影响，"如田子方、段干木、吴起、禽滑釐之属，皆受业于子夏之伦，为王者师"③。

而对魏斯影响最大的李悝，也有很大可能出自子夏门下④，或至少得其要旨。李悝改革的两个方面，"尽地力之教"和制定《法经》，其实可以归纳为一点，就是使国家、民众变得富裕，因为李悝曾经

---

① 《史记·仲尼弟子列传》。
② 《论语·子路》。
③ 《史记·儒林列传》。
④ 《汉书·艺文志》："《李克》七篇。"颜师古注："子夏弟子，为魏文侯相。"

明确指出，刑罚所针对的"奸邪淫泆之行"，本质上是出于"饥寒而起"[1]，那么立法的意图不是在于惩罚饥寒交迫的"农事者"和"女工者"，而是以制度性的方式，使他们变得富足，免于饥寒、免于犯罪。

李悝使民众变得富足的办法，就是"尽地力"、"善平籴"。这种被记录在《汉书·食货志》中的富民之法，以往被简单地解读为通过"治田勤谨"增加粮食收成；然后余粮由政府在丰年时按平价购入，在饥年则平价卖出，达到"遇饥馑、水旱，籴不贵而民不散，取有余以补不足也"[2]。然而，在这样的理解之下，李悝改革就被化约为单纯的扩大农业生产，这甚至不如鲁国通过"初税亩"对财税的增益，除了增添赈济救灾的效用，并无法解释"行之魏国，国以富强"的真正原因。

其实，李悝改革的核心，在于"善为国者"，即政府，在市场交换中所起到的作用。在其改革之前，东周各国农业倾向于自给自足式的小农经济，绝大多数农户种植口粮外，只有少量盈余[3]；还需要花费大量时间从事许多筹集军事装备、养殖牲口、生产生活用具等日常事务；（除了像齐国那样有条件征用商业税收外）能提供给国家的税收也很有限。当政府鼓励农民"尽地力之教"时，等于免除了农民的日常杂事，让他们把时间集中用于扩大种植远超过自身所需的粮食（真实的农业经验告诉我们，所谓"治田勤谨"并不仅仅是

---

① 《说苑·反质》：奸邪之心，饥寒而起；淫泆者，久饥之诡也。

② 《汉书·食货志》。

③ 《汉书·食货志》：今一夫挟五口，治田百亩，岁收亩一石半，为粟百五十石，除十一之税十五石，余百三十五石。食，人月一石半，五人终岁为粟九十石，余有四十五石。

一种主观意愿，而必须投入大量时间），这些大量的余粮则由政府统一征集。然后，把这些粮食部分平价售给不再兼营农业的专业的手工业、商业从业者后，那些技术人士通过将分散的时间集中于某项单一劳作，可以大幅增加各类物资①的生产，这才是"平籴"的真正意义所在。增长的物资在市场中的流动又可以为国家带来税收上的增益，从而保证政府继续鼓励商品粮的种植，征收更多余粮。如此一来，"使民毋伤而农益劝"，推动了人口和经济的双重增长。

在这里，李悝变法的本质是尝试了劳动分工。只有让农民打破自给自足的束缚，变成商品粮生产者，才能有手工业和商业的飞速发展，最终回报给魏斯足够的财税收入和人力资源。

"足食，足兵，民信之矣"，孔子当年的设想终在魏国实现。凭借这样可见的实力提升，魏氏终于有机会从"秦胁吾西，楚带吾南，赵冲吾北，齐临吾东，燕绝吾后，韩居吾前，六国兵四守，势甚不便"②的境况中一跃而出。魏文侯以吴起为将，建立"武卒"，以攻为守，西胜秦、东制齐，取得"守西河而秦兵不敢东乡，韩赵宾从"之势③。

值得一提的是，吴起的"武卒"制度，同样建立在劳动分工的基础上。其以选材严格著称④，而一旦入选则待遇优厚，"复其户，利

---

① 即包括但不限于《墨子·非攻》所记各类物资：今尝计军士：竹箭、羽旄、幄幕、甲盾、拨劫……又与矛、戟、戈、剑、乘车……与其马牛……
② 《吴子·料敌》。
③ 《史记·孙子吴起列传》。
④ 《荀子·议兵》：魏氏之武卒，以度取之，衣三属之甲，操十二石之弩，负服矢五十个，置戈其上，冠带剑，赢三日之粮，日中而趋百里。

其田宅"。从其免除徭役等条件可知，魏国的征兵方式一改周代以来寓兵于农的形式，朝着职业军人迈出了很大一步。而其前提，当然离不开国家掌控大量余粮这一事实的存在。

"无欲速，无见小利。"李悝变法，其背后的子夏之儒功不可没。

奔流到海

李悝改革为魏国赢得了重要契机，使魏国的强势一直延续到魏文侯之孙惠文王时。不过，从总体上讲，在吴起之后，魏国都未能在西部取得对秦国的有效阻击；最后还是通过向东迁都至大梁的方式，默默遵循了东亚人群迁移的总体趋势。这一点上，韩国与赵国的迁都历程也基本与魏同调。

三国之势衰，归根到底，与三家分晋有着密不可分的联系。作为整体的晋国几次强国之路，源自对西部入晋诸戎的吸纳。成也诸戎，败也诸戎——随着诸戎首领以婚姻形式成为晋侯的大夫之后，他们为晋出力的同时，也在扩大自身的地盘。当晋景公不能尽诛赵氏时，已经注定了晋国的未来。晋国后期从六卿到四卿，及最终三家，始终按照南北相亲、东西为敌的格局不断调整，并一直坚持到战国末期。个中原因，在于从晋陕高原直下黄淮平原的人口迁移路径，如同水流一般，上游（秦国）对下游（晋国）具有的相对势能，使下游人群分裂成三股细流。

作为整体的晋国无法阻挡秦国传递的人口压力，进一步分裂的韩赵魏三家，就更加无能为力了。只占三分之一弱的魏国率先作出调整。摆在魏文侯面前的两条路，体现的是东周中期出现的两种主

流思潮——儒家和墨家。两者都崇尚上古时代的贤王政治，儒家心中的盛世拥有各种完备的礼仪，颇有奢侈之风；而墨家则对这种奢靡竭力反对。这使儒、墨两家对国家经济的基本方针表现出截然相对的态度：开源和节流。为了满足繁盛礼法所需的物质基础，更加讲求实际的儒家从齐国管仲那里吸收了经营性的策略，为国家增收尝试各种创新手段（开源），毕竟经历过鲁、卫之政的孔子将他对"足食足兵"或"民富且寿"的重要认识传给了他的继承者们。而崇尚节俭（节流，也可通俗地理解为"拆东墙补西墙"）、压抑欲望的墨家终因"俭而难遵"①，在一次又一次更加疲惫的防御战中，流失了自身的物质积累和精神意志，并让自己的"巨子"在东周末期失去了足够的拥护者。

李悝改革最成功之处，是通过把原本兼营百业的小农——样样通，样样松——变成专营农业的职业农民，相当于把各执其业的散居农民变成了统一的国家雇农。如此一来，便为政府积攒了极大的粮食储备——这显然绝不仅仅是为了应对"饥馑、水旱"，除了刺激工商发展，以增税收外，更主要还为对外出征积累了重要的常年战略储备。从某种意义上来说，这就是吴起率领魏军对外作战屡屡取胜②的原因。

从这个角度看，子夏的弟子们在"变通"的道路上走得更远，将孔子"有军旅之出则征之"的教诲进一步发展为获得更可靠的经

---

① 《史记·太史公自序》。
② 《吴子·图国》：与诸侯大战七十六，全胜六十四，余则钧解。辟土四面，拓地千里，皆起之功也。

济来源。他们并没有执着于通过复原古代礼制，来重建一个（设想中的）强大的国家，而是通过制定新政，获得了更有前途，也更确定的未来———一个现实中的强国。无怪乎，李悝、吴起等人也被追尊为法家的先驱；事实上儒、法之间的渊源，可以回溯到孔子后期对"足食足兵"的感悟。

随着这套行之有效的制度被吴起带到楚国，并再次行之有效①，引得各国频频效法。然而，当魏国的改革成果及其手段，最终为其主要对竞争对手（比如秦国）所效法后，则将从对职业农民的"开发"升级为"强制"———这种生产强度上的单纯提升，即将构成了中国古典时代所有"暴政"的源起；这是后话。这套最初强调"治田勤谨"的经济方案，终以"重农主义"的面貌成为中国古代社会生产的基本形貌，并推动了历史朝代的更迭，则是当年的变法者所料不及的。

魏国作为晋国中部核心区域的继承者，同样承受了晋国的宿命。随着早期的变法优势被后续各国（尤其是秦国）逐渐抵消，魏国的发展策略也从积极向西抗秦，转变为率三晋向东，并在与黄淮平原最下游齐国的注定一战中，见证兵（法）家的谋略之道。

---

① 《史记·孙子吴起列传》：楚悼王素闻起贤，至则相楚。……抚养战斗之士，要在强兵……于是南平百越；北并陈蔡，却三晋；西伐秦。

田齐第九

齐，五战之国

公元前353年，是周显王十六年，"魏惠王围邯郸，赵求救于齐"①。齐威王以田忌为将、孙膑为军师出兵救援。齐军用孙膑计，并不与魏军主力相遇，而是佯攻魏都大梁。等魏军统帅庞涓从邯郸回师救援时，于途经之地桂陵设伏，大败魏军。桂陵之战，是齐威王即位后的第一场大胜，为后世留下"围魏救赵"这一重要战例。

此时距离田氏正式取代姜氏为齐君，已经四代。三十六年前，齐威王的祖父齐太公田和以齐相的身份"与魏文侯会浊泽，求为诸侯，"得到了周安王的认可②。三年后，田和正式成为诸侯。原先的姜氏齐侯齐康公，被迁到海岛上，无后而终。魏文侯不曾想到，几十年后，田和之孙齐威王，将终结他的孙子魏惠王所经营的魏国扩张事业。

桂陵之战并没有让魏国一蹶不振③。前341年，魏惠王又伐赵国，韩国助赵，使魏国转而攻韩。韩国不敌，便向齐求救。齐威王听从大臣意见，允诺韩国救援，但不急于出兵。等到韩国"因恃齐，五

---

① 《史记·田敬仲完世家》。
② 《史记·田敬仲完世家》。
③ 《战国策·秦策五》：前344年，魏惠王在逢泽之会上，"驱十二诸侯以朝天子于孟津"。

战不胜"，与魏国几乎两败俱伤时，才令田忌、田婴为将，孙膑为军师，出兵攻魏。魏将庞涓与魏太子申追击齐军，中了孙膑"增兵减灶"之计，以为齐军溃散，遂轻敌冒进，在马陵陷入齐军的伏击，遭遇惨败[①]。马陵之战，以庞涓战死，太子申被俘，齐国再胜，魏国势衰而告终。

前334年，齐威王和魏惠王会于徐州，史称"徐州相王"，标志着齐威王时代的顶峰。《战国策·齐策一》记此事为之前齐魏马陵之战的延伸，"齐因起兵击魏，大破之马陵。魏破韩弱，韩、魏之君因田婴北面而朝田侯"。此次会盟后，齐威王开始像更早称王的魏惠王一样，名正言顺地以"王"自称，周天子的地位再一次下滑。

前320年，齐威王去世，其子齐宣王即位。虽然传奇的孙膑在桂陵、马陵两战之后不见史端，但宣王依靠威王末期后起的将领匡章，延续了齐国强劲的军势，继续兵行各国。先是在即位之初连续击败"假道韩、魏以攻齐"[②]的秦军，败魏、赵军于观泽。接着（前314年），又由匡章将齐"五都之兵"和"北地之众"，北破燕国，"因燕丧攻之，取十城"[③]。

齐国的对外军事行动，在齐宣王去世、齐湣王继位后依旧没

---

① 《史记·田敬仲完世家》。

② 《战国策·齐策一》。

③ 《战国策·燕策一》。按：齐国除在都城临淄外，又设其他四都，合为五都，分别选练常备军；北边及西边的民众平时并不征发，主要是保持边地人力以防御燕国、赵国。不过，齐湣王后期迫于西部压力，征兵于北地，为乐毅攻齐留下巨大空间。《战国策·燕策一》：且异日也，济西不役，所以备赵也；河北不师，所以备燕也。今济西、河北尽以役矣，封内弊矣。《燕策二》：臣受令以任齐及五年，齐数出兵，未尝谋燕。……齐之信燕也，至于虚北地行其兵。

有停歇，甚至势头更劲。前301年，匡章帅齐军与韩、魏之师大败楚师于方城。三年后，齐军又与韩、魏攻秦之函谷，迫使秦国"与韩、魏河北及封陵以和"①。前296年，与燕国战于"桓之曲，燕不胜，十万之众尽"，此战统帅齐军的将领，据考为田氏旁支司马穰苴②。前286年，齐湣王在去除与秦昭襄王互称的"东帝"之号后不久，兴兵伐宋，最后与魏国、楚国共灭宋国。

然而，就在齐湣王灭宋的第三个年头（前284年），秦、楚、韩、赵、魏、燕联合攻齐。联军在济西大败齐国，与齐有仇的燕军在乐毅率领下继续攻齐。最后攻入齐都临淄，湣王被楚将所杀，齐国仅以莒城、即墨两城未破，后由田单立齐襄王复国。而齐国经威王、宣王、湣王三世，拜孙膑、匡章、司马穰苴这几位著名军事家所建立的强国地位，从此不复存在。

韩非子曾将当时的齐国称为"五战之国"："往者齐南破荆，东破宋，西服秦，北破燕，中使韩、魏，土地广而兵强，战克攻取，诏令天下。……齐，五战之国也，一战不克而无齐。"③这"广而兵强，战克攻取"的五战之国，为何一夕间"一战不克而无齐"，问题的答案要分别从田氏、兵（法）家和"黄老之学"这三部分内容中去找。

---

① 《史记·秦本纪》。
② 杨宽：《战国史料编年辑证》（下），第761—762页。
③ 《韩非子·初见秦》。

田氏代齐

田氏取代姜氏的实质开端，可以追溯到齐景公的大夫田乞。韩非子不但说过"一战不克而无齐"，他还在《韩非子·说疑》中提到，"田成子取齐，司城子罕取宋，太宰欣取郑，单氏取周，易牙之取卫，韩、魏、赵三子分晋，此六人，臣之弑其君者也"。这里的田成子就是田乞之子。此一语不但概括了田氏取齐之由，还道出了包括齐国、魏国在内东周诸国兴替的原因。

从第三章已知，田氏源自避祸迁齐的陈国公子田完。从更大的视角来看，周、郑东迁推动的陈国、宋国等黄河中游移民，为管仲的齐国带来了"富国强兵"的动力。（类似地，则是晋国吸纳了西来诸戎。）这些外来强援奠定了齐桓公和晋文公"称霸"的基础，也为齐、晋两国，以及宋、鲁、卫、郑、楚、周、燕等国[①]的更替埋下了伏笔。

前320年，齐威王去世后，魏惠王通过"卑礼厚币以招贤者"[②]，将淳于髡、孟子等齐国学者招至魏国，希望能从他们的经验中，获

---

① 《韩非子·说疑》：若夫齐田恒、宋子罕、鲁季孙意如、晋侨如、卫子南劲、郑太宰欣、楚白公、周单荼、燕子之，此九人者之为其臣也，皆朋党比周以事其君。

② 《史记·魏世家》。

得"将有以利吾国"的建议。然而，孟子一开口："上下交征利而国危矣，万乘之国弑其君者，必千乘之家；千乘之国弑其君者，必百乘之家"，想必深深触动了魏王的心事，让这场合作从一开始就注定了失败①。——孟子这番话，已经直截了当地解释了"田成子取齐……韩、魏、赵三子分晋"的原因。

当初进入齐国的陈国流亡群体，就因为替历代齐侯担任抵御西部之敌的屏障，逐渐巩固了"千乘之家"的地位。正如，晋国发生六卿之战时，齐国也没有放过分裂、削弱晋国的机会，积极援助六卿中位于太行山以东一侧的范氏、中行氏，对抗太行山以西的韩、赵、魏以及智氏四家。当范氏、中行氏陷入苦战无援之际，"齐使田乞救之而输之粟"②。"田乞救之"意味着军事授权，"输之粟"则离不开经济大权，当这两者都归于田氏所有时，田乞之子"田成子（田常）取齐"就变得不那么遥远了。

无论从孔子还是其弟子子贡的经历中都可以看到，齐国始终未能从西部之敌的威胁中摆脱出来——只有外敌迫境的威胁长期消失，才有机会归政于齐君。那么，历代齐侯在依靠田氏御边的同时，更只能眼看田氏慢慢独擅边政大权，坐大为"千乘之家"，最后连"收赋税于民以小斗受之，其粟予民以大斗，行阴德于民"③的民政权力，也失之于田氏，令当时齐相晏子不禁感叹："齐其为陈氏矣！公弃其民，而归于陈氏。"④从东周时代的整体视角来看，这种更替，并非姜

---

① 《孟子·梁惠王上》。
② 《史记·田敬仲完世家》。
③ 《史记·田敬仲完世家》。
④ 《左传·昭公三年》。

氏失德，亦非田氏擅权，实乃大势所趋。（同一理由，让孟子因贬低了同样发迹于"千乘之家"的魏国，而不得魏惠王的青睐。）

这样的情况也屡见于韩非子所谓的"（宋）司城子罕，（郑）太宰欣，（周）单氏，（卫）易牙，（晋）韩、魏、赵"；在某种意义上，鲁国曾经的"三桓"也可同列。这几乎涵盖了秦国以东的所有国家。频繁的军事行动，既包括阻挡西部之敌，也包括侵略东部之敌，使诸国内部的军事权力集中在少数领兵家族手中，成为真正意义上的"千乘之家"、"百乘之家"，为后者取代原本的君主创造了天然的条件。

当然，田氏的取齐历程充满了挑战，对于姜氏来说，这些外来者原本不过是可以用来牺牲、以抵御西部压力的缓冲。而流亡齐国的陈国贵族，却因为立在了东亚人群迁移的潮头，成功抓住机会，取代了姜氏在齐国的位置。

只是，当这个千乘之家，篡万乘之国时，便意味着已经失去了"万乘之国"的实力。这种削弱，对外体现为频繁抵御西/南部之敌时，存在实力上的下降；对内则表现为篡国之君在政治合法性上的危机感。在这双重危机之下，几个世纪以来为齐国御冲的田氏君臣，将把他们长期积累的军政经验，以"以弱胜强"和"黄老之学"的方式充分展现出来。

以弱胜强

齐威王的最主要成就，就是桂陵、马陵两战的胜利；其后续就是齐威王的子孙们也取得了非常丰富的战果。这一切不仅是因为田氏齐国独得孙膑、匡章、司马穰苴等兵（法）家的"眷顾"，而且也是因为齐国所面临的实际困境已经达到刻不容缓的程度。齐威王即位伊始，便遇"百官荒乱，诸侯并侵，国且危亡，在于旦暮"①。两件事可以为证。

第一，《史记·田敬仲完世家》载，齐威王问政后励精图治，"赏一人，诛一人"：赏赐了东部受到诋毁的即墨大夫，因为他开辟田园，人民自给自足；同时烹杀了西部多获美誉的阿地大夫，因为"昔日赵攻甄，子弗能救，卫取薛陵，子弗知"，只是向宫廷官员行贿掩盖失职。这样的明察秋毫、赏罚分明，令国人大为感动，使齐国大治，"诸侯闻之，莫敢致兵于齐二十余年"。

然而事实却是，前372年和前370年，齐国先后被西部的卫国和赵国攻击，分别失去了薛陵和甄地。显而易见，"守土失利"而非"厚币求誉"构成了阿地大夫最大的罪状，使之承受了比滨海安全地

---

① 《史记·滑稽列传》。

区的即墨大夫更大的风险。齐威王"赏一人，诛一人"，属于内政治理，如果说诸侯听闻此一故事，就停下东侵的脚步长达二十余年，似乎不合乎现实，因此这段故事可能只是一种浪漫化的叙述而已。要获得诸侯"莫敢致兵于齐二十余年"的结果，还得是在战场上见真章之后——齐威王打赢桂陵、马陵两次大战，庶几才可以取得这样的震慑效果。

第二，有"魏王与齐王比宝"一事。齐威王与魏惠王相会于郊。面对魏王对本国"径寸之珠"的炫耀，齐王则以"人才"对比魏王的"珠宝"。通过齐王的叙述，可知齐国人才济济，有檀子守南城，"则楚人不敢为寇东取，泗上十二诸侯皆来朝"；有肦子守高唐，"则赵人不敢东渔于河"；有黔夫守徐州，"则燕人祭北门，赵人祭西门"[①]。这番对比，令魏王自惭形秽，不怿而去。

此事除了表面上的齐国人才济济外，实际上更多反映了齐国潜在的敌人环立：南有楚，西有赵，北有燕，皆对齐国虎视眈眈。如果加上田忌与齐威王之间类似的谈话[②]，还可以算上秦国和魏国。这几乎就是战国时代除韩国外所有主要强国了。

因此，对于此时的齐国，"诸侯并侵，国且危亡"不是夸大的言语，而是真实的写照。为了应对外在威胁，齐威王最需要的已经不是"富国强兵"这样的长期规划，而是能立即阻止"诸侯并侵"的实实在在的胜利。最能满足他的需求的，自然非兵（法）家莫属。

---

① 《史记·田敬仲完世家》。

② 《说苑·臣术》：忌举田居子为西河而秦、梁弱，忌举田解子为南城，而楚人抱罗绮而朝，忌举黔涿子为冥州，而燕人给牲，赵人给盛……

齐国兵（法）家中以《孙膑兵法》[1]在战例和文献上保留得最为完善。在孙膑指挥下，齐国与魏国的两场胜利有一个最大的共同点，都是齐国坐等魏国出征力竭，才袭魏渔利。桂陵之战中，齐威王等魏国伐赵，围困赵都邯郸一年[2]，交战双方都损失惨重，"邯郸拔而承魏之弊，是赵破而魏弱"[3]之际，方始出兵攻魏。而在十二年后的马陵之战中，威王又故伎重演，在魏国伐韩，韩国求救于齐后的很长一段时间里都按兵不动。等待韩国与魏拼力五战后，终于出兵，将魏军主力诱至马陵，伏击成功，"杀其将庞涓，虏魏太子申"[4]，取得大胜。

两番取胜，为齐国取得"徐州相王"之尊，此外只有诸侯"莫敢致兵"这一个结果。换言之，在强国兼并弱国、诸侯纷纷称王略地的战国时代，通过如此知名的两战，却未扩寸土，只保全国土未被侵凌，这对于一个中等偏上的国家确实是值得称耀的成就，唯独对于以兵（法）家称雄的东方第一大国齐国，并不是一件特出之事。其中缘由其实早在《孙膑兵法·十问》篇中就已道出。该篇假设了真实战场中十种可能的临敌状况（交代了敌我强弱），从中可以一窥这位用兵者心中齐军（或齐国）面临外敌时的自我定位，详见下表：

---

① 银雀山汉墓竹简整理小组编：《孙膑兵法》，文物出版社，1975 年。

② 《史记·魏世家》载，前 354 年魏惠王（十六年）围邯郸，后一年，赵请救于齐。又《吕氏春秋·不屈》言魏惠王"围邯郸三年而弗能取，士民罢潞，国家空虚，天下之兵四至，众庶诽谤，诸侯不誉"。

③ 《战国策·齐策一》。

④ 《史记·田敬仲完世家》。

表9.1 《孙膑兵法·十问》所见对阵形势关系表

临敌序列	对阵形势	敌我对比
1	粮食均足，人兵敌衡，客主两惧	敌我均等
2	敌富我贫，敌众我少，敌强我弱	敌强我弱
3	敌人既众以强，劲捷以刚	敌强我弱
4	敌既众以强，延阵以衡，我阵而待之，人少不能	敌强我弱
5	我人兵则众，车骑则少，敌人十倍	敌强我弱
6	我车骑则众，人兵则少，敌人十倍	敌强我弱
7	粮食不属，人兵不足恃，绝根而攻，敌人十倍	敌强我弱
8	敌将勇而难惧，兵强人众自固，三军之士皆勇而无虑，其将则威，其兵则武，而理强梁健，诸侯莫之或待	敌强我弱
9	敌人保山而带阻，我远则不接，近则无所	敌占地形优势
10	客主两阵，敌人形箕，计敌所愿，欲我陷覆	敌占阵型优势

　　由此可见，除第一种"敌我均等"的情况外，其余九种都是在一定程度上存在"敌强我弱"的局面，而且敌军在大多数情境下（最后两种除外），都展现了压倒性的优势。一言以蔽之，孙膑/齐军的兵法是一种在总体上明显并不占优的局势下，用策略去弥补己方弱势，实现"扬长避短"的军事艺术。其在微观层面上的操作便如他在指导"田忌赛马"时的策略一样——在每一类赛马都劣于对方时，调整对阵顺序，以牺牲"下马"为代价，获得整场比赛的胜利。无论怎么说，存在无法回避的问题就是对阵双方真实存在的"强、弱"之别。（交战双方都可使用兵法战术，但弱势一方对兵法的依赖显然

更为严重，因为强势一方可用兵力优势抵消战略上的失误，这是弱势方所不具备的。）

这样来看，齐威王之所以在赵国与韩国一开始求救时，并不施加援助，而是听从谋臣建议，等待"赵破而魏弱"以及韩国"五战不胜"的机会，就是要遵从兵法，耐心等待最佳战机，争取对魏军形成最大打击。不过，齐国即便可以通过击败魏国减轻西部压力，短期内取得"诸侯莫敢致兵"的胜果，但终究出于自身地理位置因素，无法改变西部、南部承受人口迁移压力的弱势局面。

幸运的是，当这种弱势的局面被齐宣王、潛王继承的同时，孙膑所开创的应对模式也由匡章和司马穰苴延续了下来。但是，正如孙膑在《孙膑兵法·见威王》篇中申明的"作战"的重大意义——"战胜，则所以在亡国而继绝世也。战不胜，则所以削地面危社稷也"——所言，齐国兵（法）家心中的战争，关乎的是一个国家的社稷存亡，实是一种如履薄冰、不容有失的防御战，而非战胜则国家疆域扩大、失败了可以从头再来的征服战，少了"屡败屡战"的那份底气，多了"只许成功不许失败"的悲怆和无奈。

因此，这种"以攻为守"的策略并不能真正做到"富国强兵"，其所收获的胜利，也只能暂时减缓西部之敌倾轧的速度。而当防守者在如此经年累月中萌生一丝倦意，这种如同走钢丝一般的防守策略便有可能就此失效。所谓"五战之国也，一战不克而无齐"，那么，又是谁贡献了这"一丝倦怠"？

黄老之学

依靠兵（法）家的智慧和运筹，田氏齐国终于觅得"（诸侯）莫敢致兵于齐二十余年"的喘息之机。然而，西部楚魏，北面燕赵，以及更远的秦国东侵的压力始终没有减弱。兵（法）家的"以弱胜强"固然能维持一时，但要求得一劳永逸的太平，还要从根本上扭转齐国与西部国家间的强弱关系。

在此背景下，齐威王、宣王营建了名为"稷下学宫"的学术机构，目的在于"览天下诸侯宾客，言齐能致天下贤士"①。在他们的努力下，这一机构先后吸引了孟子、荀子等儒家学者，此外还有文学游说之士"驺衍、淳于髡、田骈、接予、慎到、环渊之徒七十六人，皆赐列第，为上大夫，不治而议论"；于是齐稷下学者一时多达"数百千人"②。虽然学宫表面上"不治而议论"，但其将儒家、墨家、名家、道家等当时各主流学派尽收的雄心，明确地表达了其对于"富国强兵"的内在追求。

这些学者中，代表儒家的孟子，因"迂远而阔于事情"率先淡出了稷下。孟子主张以"仁政"来实现齐宣王"辟土地，朝秦楚，

---

① 《史记·孟子荀卿列传》。
② 《史记·田敬仲完世家》。

莅中国而抚四夷"①的愿望，然而，由于这些仁政的内容（如：不夺农时，遵守孝悌之义）都是强大国家的结果，而非原因，使他最终未能赢得齐宣王的首肯。随后，墨家、名家各派也在稷下的激烈论战中几经沉浮②，未获青睐，唯独剩下已在韩国经受过检验③的"黄老"之学从中脱颖而出，使"黄老道德之术"在齐国渐成一时的主流④。

"黄老之学"将新兴的"黄帝之学"与更早出现的"老子之学"结合在一起。"黄帝之学"以尧舜之前更早的黄帝传说为核心，述及治理本国、力克敌国的原则和方式，从而实现"唯余一人，兼有天下"⑤的终极目标。其"慎案其众，以隋（随）天地之从"⑥的主旨与老子哲学中"人法地，地法天，天法道，道法自然"的观念或有联系，因为两者都体现了一种顺应趋势、而不与之相抗的"顺道"的理念。

"黄老之学"之所以成为一时之选，存在两个原因。首先，祖先源自陈国的田氏自认为"黄帝"之裔，通过黄帝战胜炎帝这一传说，为他们取代作为炎帝之胄的姜氏，提供了历史合法性，"使人们能接受田氏代齐而不悖礼制的政治现实"⑦。

---

① 《孟子·梁惠王章句上》。

② 《荀子·解蔽》：墨子蔽于用而不知文，宋子蔽于欲而不知得，慎子蔽于法而不知贤，申子蔽于势而不知知，惠子蔽于辞而不知实，庄子蔽于天而不知人。

③ 《史记·老子韩非列传》：申不害者，京人也，故郑之贱臣。学术以干韩昭侯，昭侯用为相。内修政教，外应诸侯，十五年。终申子之身，国治兵强，无侵韩者。申子之学本于黄老而主刑名。

④ 《史记·孟子荀卿列传》：慎到，赵人。田骈、接子，齐人。环渊，楚人。皆学黄老道德之术，因发明序其指意。

⑤ 《黄帝四经·十大经·果童》。

⑥ 《黄帝四经·十大经·顺道》。

⑦ 刘蔚华，苗润田：《稷下学史》，第362页。

其次，从田氏、三晋（韩、赵、魏）这些战国时代新立诸侯自身的视角来看，他们的上位固然是时代发展的结果之一，但也意味着对西周以及东周前期以来正统体制的僭越。相较齐桓公与管仲时代所追求的"存亡继绝"，战国之世对诸侯之亡早已熟视无睹。（田氏齐国的出现，本身就标志着姜氏齐国的灭亡。）对田氏齐国诸国而言，与其维护旧有的边界，恢复已经灭亡的国家，不如就此承认古国消亡的不可避免，并将其理解为顺应时代发展的趋势——一种自然而然的过程，也就是所谓对"道"的遵循。

正是这种"顺道"观念的出现，使黄帝和老子这两个原属不同时空的思想主体合流为一。其最大的特点，或许是对之前流行显学（儒、墨）中"圣人"角色的改变。"黄老"体系中的"圣人"不再是孟子所谓"百世之师"这样纯粹的道德表率，而是在"兼人之国"的征战过程中，作出"隋（堕）其城郭，桼（焚）其钟鼓，布其嗇（资）财，散其子女，列（裂）其土地，以封贤者"[1]这样具体抉择的执行者。而这一更加讲求实际的"圣人"形象，显然更能得到战国诸侯的认可。

昔日儒家主张的"（省）苛事，节赋敛，毋夺民时"[2]，不再作为反对战争的理由，而被调整为更好地善用民力，以战胜强敌的治理法宝。同时，对这一原则的违背，则构成"霸主"出兵讨伐的理

---

① 《黄帝四经·经法·国次》。
② 《黄帝四经·经法·君正》。

由①，因为"因天时，伐天毁"②也可以称之为顺应天道。

通过"布其资财，散其子女，列（裂）其土地，以封贤者"的"顺道"之势，似乎为田氏齐国铺就了讨伐"虐燕"③、"桀宋"④的胜利之道。然而，这种以攻为守的策略，在经历频繁出击，"南攻楚五年，稸积散；西困秦三年，民憔悴，士罢弊"⑤之后，已经将"顺道"转变成了"逆道"。

因此，当前284年，曾经"南割楚之淮北，西侵三晋"的齐国，在济西之战中遭遇"燕、秦、楚、三晋合谋，各出锐师以伐"⑥之际，民劳兵弊的齐军和"欲齐军之败"⑦的统帅，共同谋划了齐国的失败。从另一种意义上讲，这由外而内的兵败如山倒之势，同样顺应了一种"天道"，只不过，这不是齐国之道，而是东亚人群迁移的整体趋势，抑或是西部诸国之道。

---

① 《黄帝四经·经法·论》：动静不时，种树失地不宜，（则天）地之道逆矣。臣不亲共主，下不亲其上，百族不亲其事，则内理逆矣。逆之所在。胃（谓）之死国，伐之。
② 《黄帝四经·经法·四度》。
③ 《孟子·梁惠王章句下》：今燕虐其民，王往而征之。
④ 《史记·宋微子世家》：君偃十一年，自立为王。东败齐，取五城；南败楚，取地三百里；西败魏军，乃与齐、魏为敌国。盛血以韦囊，县而射之，命曰"射天"。淫于酒、妇人。群臣谏者辄射之。于是诸侯皆曰"桀宋"，宋其复为纣所为，不可不诛。告齐伐宋。
⑤ 《战国策·燕策一》。
⑥ 《史记·田敬仲完世家》。
⑦ 《吕氏春秋·权勋》。

有宗将坏，如伐于山

田氏作为东周时代人群东迁的受益者，以"千乘之家"篡"万乘之国"，可谓对冥冥在上之"道"的遵循，但最终不得不面临由"后浪"变为"前浪"的局面。

依靠兵（法）家的智慧，齐威王一方面巧妙利用西部国家固有的冲突，取得了桂陵、马陵两场"以弱胜强"的大捷，顺利化解、抵挡住了战国时代，由魏国对东部国家率先激起的新一轮人口迁移浪潮（接下去还有两波），另一方面，也让他的后代看到了以攻为守的可能，为匡章、司马穰苴的大显身手提供了战场。

然而，不论齐国兵（法）家们多么成功（从威王时代到湣王被杀前一年，齐国仅有两次失利：前312年，秦、魏、韩联军在濮上之战大败匡章所率齐军；前285年，秦蒙武击齐，取九城。），始终无法改变南有楚、西有三晋、北有燕这一敌人环立的局面。换言之，齐宣王、湣王之世的四处出击，乃至"南割楚之淮北，西侵三晋"，其实都是对西部压力的回应性攻击。唯有向北对燕国的出击，可以算是真正意义上的主动攻击，其原因在于南部、西部的压力背后，还有层层推力，独北面阻力最小。

这一点，可以参考第六章吴国北进的局面。吴国在同样面临西部楚国、南部越国推动的局面下，虽然拼力伐楚、伐越，并都取得了似乎近在咫尺的大胜，但最后结局不过是举国北遁。而战国时代田氏齐国的命运几乎是复刻了吴国当年的走势，都在向北突进时遭遇重挫，齐国甚至险被燕国灭国。

无独有偶，吴、齐之间还有两个共同点。第一，两国的颓势都被记录下来。吴国是在所谓北上"争霸"时，向鲁国讨要粮食；而齐国则是在濮上兵败后，因"齐固弱，是以余粮收宋"①，用粮食向宋国行贿，以抵挡三晋的追击。此点从侧面证明了这两个各自时代的"强者"，实际上都有其疲惫不堪的一面。第二，一如齐国拥有兵（法）家孙膑，他名义上的先祖孙武曾服务于吴王夫差。司马迁所作两人合传（还包括吴起）的传记中说，"孙膑以此（两战）名显天下，世传其兵法"②，却提示了一个耐人寻味的问题：那些诞生兵（法）家的国度，都没有走得太远，未能摆脱衰亡的命运。由此可见，兵法本身，追求的是一种"以弱胜强"的策略，但其在压倒性的强大实力（或谓，更大的人类迁移趋势）面前效果不彰。后世对兵法的推崇，多少出于一些对抵抗者临渊而战、为国赴死精神的赞美与同情，而在一定程度上夸大了兵法与实力在实战中各自所占的比重。

前375年，韩哀侯灭郑国，向东迁都新郑，曾经的周王室之矛从此折戟沉沙。其后韩昭侯任用"本于黄老而主刑名"的申不害，率先走上"国治兵强，无侵韩者"的道路。因为周王室的衰微，灭郑一事甚至没在诸侯间泛起一丝波澜。从另一个角度讲，也反映了

---

① 《战国策·齐策六》。
② 《史记·孙子吴起列传》。

战国中后期各国对诸侯兼并的无睹。后人一直将韩昭侯时代的国治兵强归结为申不害对"术"的应用，但从他所留下"王天下，何也？必当国富而粟多也"、"土，食之本也"①等核心观点可见，韩国的短暂变强与其说是"术"的作用，不如说是并吞了郑国国土后，土地、人口、粮食实际增长的结果。

"兼人之国"固能迅速提升实力，但这毕竟不义。而"道常无为而无不为，侯王若能守之，万物将自化"②的老子之学，则通过"用力甚少，名殷（声）章明，顺之至也"③的解读消解了"黄帝之学"中"唯余一人，兼有天下"的道德困境。"无为而无不为"与"自化"的结合，并不意味着毫无作为，而是好比顺水行舟，在遵循趋势情况下，减少无用之功。这种顺应时势，而不与之相悖（比如，过去的"存亡继绝"，帮助失国者复国）的理念，坚定了齐国对外用兵的决心，并最终成为稷下学宫的主流。

齐国的破燕灭宋，便因此与韩国灭郑之战，保持了同样的初衷和思路：都在于侵并他国或其部分地区来增强己国。在东周前期的三波人群迁移潮流之后，相对位置偏东的国家已经很难获得西部迁入的人口红利，那么，主动夺取相邻国家的土地、人口，就以"黄老之学"的形态成为一项必不可少的发展和强国策略。在伐燕之战中，齐国一改齐威王时代桂陵、马陵两战伺机而动的阻击战风格，选择由匡章将齐"五都之兵"和"北地之众"，几乎倾巢而出。这次

---

① 《申子·佚文》。
② 《老子》三十七章。
③ 《黄帝四经·十大经·顺道》。

赵国第十

胡服骑射

公元前307年，即周赧王八年，赵武灵王迈出了历史性的一步，首次向群臣宣布了"胡服骑射"的计划。群臣的反应并不积极，于是他只能逐一说服，以取得朝中几位核心大臣的支持。

首先，他以"中山在我腹心，北有燕，东有胡，西有林胡、楼烦、秦、韩之边，而无强兵之救"[①]这一四面受敌的局势，成功说动大臣楼缓。接着，又与辅政大臣肥义讨论，认为如果"将胡服骑射以教百姓"，就可实现"为敌弱，用力少而功多，可以毋尽百姓之劳，而序往古之勋"，并一定能够收并胡地、中山国，获得肥义的支持。最后，赵武灵王亲到叔父公子成家中，将之前的理由合二为一，加上历史上赵简子、赵襄子北吞代地的经验之谈，说服了这位朝中元老。

经过三番讨论，朝中的其他阻碍已经变得微不足道，"胡服骑射"顺利推进。这一改革的结果也显而易见。一年之后，赵国"略中山地，至宁葭；西略胡地，至榆中；林胡王献马"，此举不但兼并

----

① 《史记·赵世家》。

了北方的胡地、代地，而且将这些漠南的部族纳入了赵国的军列①。正如历史上的晋国多次通过吸纳西来之戎、东部之狄，屡建新军，大幅提升军力——"昔者简主不塞晋阳以及上党，而襄主并戎取代以攘诸胡"——这些新生力量，已经在暗中推动了赵国实力的巨变。

　　虽然武灵王于在位二十七年时（前299年）宣布退位，由他的宠姬吴娃之子赵何继任，是为赵惠文王，但这并未影响赵国在军事方面的迅速发展。而且，退位后以"主父"自居的武灵王，在经略北方的过程中，希望能找到一条可以"从云中、九原直南袭秦"的绝佳路径，甚至为此伪装成赵国使者入秦探查地形，并观察秦王之为人。

　　前298年，因秦国扣留楚怀王于武关，魏、韩与齐出于多种考虑（恐秦、楚联合，对诸国不利），在孟尝君田文组织下"合纵"攻秦。赵国一开始选择站在秦国一边，"结秦连楚、宋之交"②，派楼缓相秦，仇赫相宋，实则观望"罢齐敝秦"③，另有打算。此战绵延三年，赵国一方面等待支持中山国的齐、魏主力攻秦，无暇分顾之际，反而全力进攻位于赵国东部腹心的中山国。终于前296年，攻灭中山，抹掉了与燕、齐之间的缓冲之地，实力进一步得到提升。另一方面，等秦国失势后，又与宋国一道，加入攻秦联军，"五国共攻秦至盐氏而还"，"秦与韩、魏河北及封陵以和"④。

---

　　① 《史记·赵世家》。又：代相赵固主胡，致其兵。……赵希并将胡、代。……主父行新地，遂出代，西遇楼烦王于西河而致其兵。
　　② 《战国策·赵策四》。
　　③ 《战国策·赵策三》。
　　④ 《史记·秦本纪》。

曾经的赵武灵王未几死于废长立幼的宫闱之争，但他留下的强国遗产很快由赵惠文王继承、扩大。在权臣李兑的策划下，惠文王先是迅速平息赵国局势[1]，接着又一次在秦国与齐国之间左右逢源，随势而动，而且对战局的最终走势产生了决定性的影响。

　　前288年，由赵国相邦李兑出面，会同齐相苏秦、魏相田文，再次组织赵、齐、韩、魏、宋合纵攻秦。未曾交兵，就使秦国迅速取消"帝"号，"反（返）温、轵、高平于魏，反（返）王公、符逾于赵"[2]。随后，这支昔日的同盟因齐国兼并宋国，迅速调转枪口。在前284年，以赵相乐毅（同时兼任燕国上将军）率赵、秦、韩、魏、燕五国攻齐。无论是前次攻秦，不交锋已然取地，还是此番与齐交战，打开了应取尽取的大门，最大的赢家都是赵国。

　　表面上，这次联军中燕国攻齐最深；实际上，赵国显然得利最多，因为在此后数年里，赵国又分别由乐毅、廉颇[3]、赵奢[4]、蔺相如[5]再三略地于齐。因为赵国割齐太甚，使得复国后的齐王在赵国与秦战于长平之际，拒绝援助[6]，令赵国终遭大败，这是后话。

　　从前307年赵武灵王"胡服骑射"开始，到前266年赵惠文王的去世，赵国维持了"抑强齐四十余年，而秦不能得所欲"[7]的强势，

---

①　《战国策·赵策一》提到赵惠文王初年赵国面临的险恶局势："昔者五国之王尝合横而谋伐赵，叁分赵国壤地。"

②　《战国纵横家书》第二十一章。

③　《史记·赵世家》：（前283年）廉颇将，攻齐昔阳，取之。

④　《史记·赵世家》：（前280年）赵奢将，攻齐麦丘，取之。

⑤　《史记·赵世家》：（前271年）蔺相如伐齐，至平邑。

⑥　《史记·田敬仲完世家》。

⑦　《战国策·赵策三》。

也为战国时代留下最后一脉倔强。赵孝成王即位后，即在长平之战中，遭秦将白起坑赵降卒四十万，赵国雄风不再。但赵国仍然依靠晚年的廉颇和后起的李牧，在抗秦与攻燕的东、西运动中（其间还需靠李牧应付匈奴的怨怼），向东北方向延续一息。

　　回到这战国接近剧终的舞台，两个主角缺一不可。其中固然有在"胡服骑射"中找到强国之路的赵武灵王，同时也离不开战国纵横家们的纵情出演。

受困中的赵国

赵武灵王的"胡服骑射"并不是一时兴起，而是诸多势力和因素共同促进的结果。在分晋三家中，魏国率先通过国家购买的方式，将各执其业的散居农民变成了统一的国家雇农，大幅提高了国家实力，大有兼并赵韩、阻秦击齐之势。而经过兵（法）家们的努力，齐国则通过削弱魏国，救助韩、赵，阻止了魏国独大的势头，同时也限制住了三晋向东发展的趋势。自从前334年，齐威王和魏惠王"徐州相王"后，黄河中游人群的东进之势，与下游人群的西阻之力，在很长一段时间里进入了一种势均力敌的脆弱平衡状态。

然而，这种均势局面显然不是秦国所乐见的。前330年，秦败魏于雕阴，魏国四万五千人的西部防秦主力尽没，并且失去了焦地和曲沃，"予秦河西地"。秦国之后又连续攻魏，都有斩获，到前328年时，"魏尽入上郡于秦"[①]。至此，魏国失去了所有黄河以西陕北的疆土，使秦国开始和赵国接壤。而秦国也不减速，刚把黄河西边的上郡拿下，立即马不停蹄地将目标对准了与之隔河相望的晋西北地区；前328年晚些时候，《史记·赵世家》记载："秦杀（赵）疵河西，

---

① 《史记·魏世家》。

取我蔺、离石。”

在魏国的东边，齐、魏已在“徐州相王”后握手言和，此时魏相惠施奉行“欲以魏合于齐、楚以案兵”[①]的战略；因此，西面的损地，就不能从正东面的齐国那里获得补偿。在东、西、南、北各方权衡之下，魏国和齐国一致选择北方的赵国作为释放压力的突破口。原因简单，齐、魏南有楚，西有秦，东有海，只有北方的燕、赵最弱。加上赵国之前刚被秦国所败，甚至中山国也不能取胜；以及，赵肃侯又于前326年去世，新立的赵武灵王只有十五岁不到。于是，魏将公孙衍（犀首）便与齐将田盼合议，“欲得齐、魏之兵以伐赵……梁君、田侯……悉起兵从之，大败赵氏”[②]。

赵国西部被秦所侵，东、南部遭齐、魏合败，面临东西受敌的局面。一时之间，不知何去何从。就在这时，同属三晋、同样夹在齐、秦之间的魏国给赵国提供了参照。为了将惠施“以魏合于齐、楚以案兵”的策略贯彻到底，公孙衍又于前323年将韩、赵、燕、中山四国强拉入魏国的同盟，合称“五国相王”[③]，希图建立更稳固的防守体系。此事分别引起赵[④]、齐[⑤]等国不满，但以秦国为甚，因为“魏合于齐、楚以案兵”的战略，将使黄河下游和中游变为一块，这点于秦最为不利。

---

① 《战国策·魏策一》。

② 《战国策·魏策二》。

③ 杨宽：《战国史料编年辑证》（上），第478—479页。

④ 《史记·赵世家》：五国相王，赵独否，曰：“无其实，敢处其名乎！”令国人谓己曰“君”。

⑤ 《战国策·中山策》：犀首立五王，而中山后持。齐谓赵、魏曰：“寡人羞与中山并为王，愿与大国伐之，以废其王。”

秦国迅速行动，力图打破东部的平衡。首先，迫使魏国驱逐主张联合齐、楚的惠施，转而任命前任秦相张仪为魏相，"以魏合于秦、韩而攻齐、楚"①。但魏国用张仪为相后仍按兵不动，让秦惠文王"欲令魏先事秦而诸侯效之"的打算落空，于是"秦王怒，伐取魏之曲沃、平周"②。

夹在东西之间的魏国终感到秦国威胁巨大，于是驱逐张仪，起用公孙衍为相。于前317年，组织"韩、赵、魏、燕、齐帅匈奴共攻秦"③。只是这场浩浩荡荡的五国（六方）合战秦国，收获的还是一场惨败，以三晋（五国联军的主力）被秦军斩首八万二千人而告终。

就是这场秦国以一己之力独败五国的战役，留下了战国时代好几个第一。（一）这被认为是"纵横家"这一职业实践者以个人力量，对诸国联盟关系和胜负关系产生影响的首次尝试。时人孟子门人景春一句"公孙衍、张仪岂不诚大丈夫哉？一怒而诸侯惧，安居而天下熄"④，更将纵横家的角色直接安到公孙衍和张仪的头上。当然，东部联盟的奠基人还应追溯到更早的惠施。（二）面对张仪顺势推行的"事一强以攻众弱"的"连横"之策，公孙衍则选择逆势相抵，"合众弱以攻一强"。这样的"合纵"攻势在战国后期还有四次，这是第一次。（三）这也是"匈奴"之名在汉文史籍上的首次出现。

赵国作为惨败的一方，输得并不情愿，除了失败经验的增长外，也并非没有其他收获。与燕国、匈奴等北方人群的接触，应该扩充

① 《战国策·魏策一》。
② 《史记·张仪列传》。
③ 《史记·秦本纪》。
④ 《孟子·滕文公下》。

了赵武灵王对北方生态—人口结构分布的认识。这一点连同他对赵国东、西局势和"连横合纵"关系的把握，将决定赵国和齐、秦诸国在未来的命运。

异军突起

当然，转折并没有很快到来。遭遇五国攻秦战败的赵武灵王在之后的十年中，仍然多次体验被秦国击败、略地的滋味①，延续着从祖父赵成侯、父亲赵肃侯以来始终被东部齐国、西部秦国、南部魏国交攻的局面。

值得注意的是，当赵国不断受到来自西边、东边，以及南边的攻击时，这些外部压力事实上也直接将其朝着更（东）北方推动，并取得了惊人的结果。比如，前309年，"（赵武灵）王出九门，为野台，以望齐、中山之境"；两年后，他又"北略中山之地，至于房子，遂之代，北至无穷，西至河，登黄华之上"②。上述种种表明，赵国在西部丧地的同时，通过"望齐、中山之境"、"北略中山之地"，得到了一定的补偿。从宏观的角度上讲，这种动态的增补过程，表现为一种连续向（东）北方迁移的趋势。

在此背景下，前307年的"胡服骑射"，可以说是一连串人群迁移实践的关键节点。"初胡服"一年之后，赵国"略中山地，至宁葭；

①　《史记·赵世家》：（前316年）秦取我中都及西阳。《秦本纪》：（前315年）伐败赵将泥。《赵世家》：（前313年）秦拔我蔺，房将军赵庄。

②　《史记·赵世家》。

西略胡地，至榆中；林胡王献马。……代相赵固主胡，致其兵"。这一连续策略明确显示：赵国略地，并不限于疆域，而在"致兵"。进一步来说，代相赵固所致的，不是普通的步兵，而是以"代马胡犬"①为根基的骑兵。将"林胡王献马"与之结合，可以发现，这一系列事件的本质是赵国吸纳胡族骑士充任骑兵。

我们现在有机会可以把"胡服骑射"与赵国实力提升的步骤重新梳理。当赵国在西、南、东部各国合力推动，向晋北拓展时，遭遇了当地以牧马为生计手段之一的林胡、楼烦等族。这些部族的作战方式主要为"一人一马"的骑兵突击，与中原诸国从周初延续的车战模式有所不同，弥补了赵国"无骑射之备"的劣势。为了将赵军改进为更灵活机动，也更具战斗力的车骑混合编制，赵武灵王遂以"胡服"作为切入口，一方面吸纳胡骑，组建新军，另一方面，则对原本的军队配置进行调整。与其说他在叔父公子成等处遇到对"变古之教，易古人道，逆人之心"②的抗拒，不如说，是遭到后者对这一"破卒散兵，以奉骑射"③战阵结构变化的疑虑。

而当前305年赵武灵王以"牛翦将车骑，赵希并将胡、代"，连续取胜，大幅攻占中山国领土，使"中山献四邑和"时④，赵军变身胡服骑士的战法，取得令人信服的成果，也标志赵国军力得到质的提升。其实，这一切的先兆，在前317年那次"（五国）帅匈奴共攻秦"之战中，已经可以窥见端倪。

---

① 《史记·赵世家》。
② 《史记·赵世家》。
③ 《战国策·赵策二》。
④ 《史记·赵世家》。

实力提升之后的赵国决定改变东、西临敌的局面，把主动权掌握在自己手中。在赵国补强的过程中，已经多次攻占中山国领土；既然不能在西部阻止秦国向东，但能向更东夺取中山领土作为代偿，则足以抵消丧地的损失。当然，如果能在西边不失的情况下，攻下"在我腹心"的中山，就更臻完美。此时的中原，已经俨然分为两大阵营——坚持向东的一方和抵御西部之敌的一方。向东扩张的以秦、楚、赵为代表；抵抗的一方，以齐、魏、韩为主。不是后者不想东扩，甘为中流砥石，盖因东面已经无路可退，西面若再丧地，只会更加削弱。而位于赵国以东的中山国，便因此"恃齐、魏以轻赵"[1]。

为破此局，赵武灵王分别派遣"使楼缓之秦，仇液之韩，王贲之楚，富丁之魏，赵爵之齐"[2]，巧心谋划。时值前298年，魏、韩与齐因秦国扣留楚怀王，第二次"合纵"攻秦时，赵国并不与三晋同心，反借楼缓相秦、仇赫相宋的机会，"结秦连楚、宋之交"，让秦国不能侵赵。等到齐、魏主力困在函谷关时，又利用"富丁欲以赵合齐魏"的计谋，加入伐秦的联盟，使齐、魏两国为得大国赵国支持，而只能放弃小国中山，让赵国实现了东西两线的双重胜利，"一举而两取地于秦、中山也"[3]。

赵国北拓并兼中山后的实力陡增，引起各国警觉，并改变了各国结盟关系。秦国首先约同齐国共率三国"合衡（横）而谋伐赵"[4]，但赵国本身的实力让齐国先行却步。接着，齐国和赵国反而在伐宋

---

① 《战国策·魏策四》。
② 《史记·赵世家》。
③ 《战国策·赵策三》。
④ 《战国纵横家书》第二十一章。

的目标上，找到了共识①。最后，恰逢秦伐赵之梗阳在先，赵惠文王的相邦李兑就利用齐国兼并宋国来图强的意图，于前288年组织齐、韩、魏、宋合纵攻秦，却停顿于成皋。李兑此举，并不为秦（所以早早止步秦境之外），而在于把齐、赵捆绑在一起，从此杜绝了秦国与齐国连横攻赵的可能。这一举措收获颇著，不但得到秦国返还魏国的土地，还因为齐国吞宋心切，向赵国打开了予取予求的大门。只是，齐国的衰落，也让赵国失去了抵抗秦国的最强后盾。

从赵武灵王到惠文王，赵国正是依靠自身国力的提升，改变了在诸国中的地位，从联合伐秦遭遇惨败的"合纵"一员，变成了秦、齐连横而不能取的三晋砥柱，乃至苏代口中与秦国鼎立的"中帝"②。而这离不开前307年，赵武灵王向群臣宣布"胡服骑射"的那个时刻。

---

① 《战国策·赵策四》：齐欲攻宋，秦令起贾禁之。齐乃捄赵以伐宋。
② 《战国策·燕策一》。

最后的外援

天下没有不散的筵席，"抑强齐四十余年，而秦不能得所欲"的赵国，也逃不过长平一战——既因为楼烦王之外，再无楼烦；也因为心怀"北帝"①梦想的燕国，分走了战国最后的外援。

公元前314年，燕国曾被向北拓地的齐国攻入都城，并在之后一段时间里作为齐国的附庸参与中原战事。但即位后的燕昭王决意摆脱这种局面，他首先以"千金求千里马"的方式，"卑身厚币，以招贤者"②，为燕国招募外援。"千金买骨"故事固然是借马喻人，却提示了燕国向北传递压力过程中实力提升的本质因素。《战国策·燕策三》提到了燕国周边的地缘关系："西约三晋，南连齐、楚，北讲于单于。"由此可见，战国中后期，燕与匈奴接壤，匈奴在燕北境。燕国显然不能从三晋、齐楚获得足够的人力、物力，而转向匈奴是唯一可行的途径。当燕将秦开步赵国后尘，效法赵武灵王致兵于匈奴（东胡）后，燕国确实迅速实现了"燕国殷富，士卒乐佚轻战"③、军事实力显著提升的效果。

---

① 《战国策·燕策一》。
② 《战国策·燕策一》。
③ 《战国策·燕策一》。

其次，燕昭王又以苏秦入齐，行反间之策。因为"燕齐之恶也久矣"，燕国最大的威胁来自齐国，次为赵国，所以，苏秦的目标"大者可以使齐毋谋燕，次可以恶齐勺（赵）之交"[①]。他破坏齐、赵联合，扩大两国纷争的目的，一是使燕国南边的压力减少，二是谋求燕、赵联合，最终破齐的可能。从结果看，苏秦（及其弟苏代[②]）不辱使命，使齐国只注重西部防守，为五国攻齐之战中，燕将乐毅从北边入齐创造了条件。但齐国衰落之后，燕、赵之间的潜在冲突，也抵消了两国向北召援、致兵后短暂提升的优势。

燕国北扩带来的反作用力，依次施放到燕国自身、赵国和秦国身上。第一，燕国本身的农业经济基础之薄弱[③]，加上"千金求千里马"所耗之巨，令他们最后无力承担"购买"援助（马匹或匈奴骑士）的代价。那些受"千金"激励而出征的牧人很快会因赏赐不足，终成为燕国北境的不安定因素，迫使"燕亦筑长城，自造阳至襄平。置上谷、渔阳、右北平、辽西、辽东郡以拒胡"[④]。既然由燕国物质刺激而走上军旅之路的匈奴，从振兴燕国的积极力量变为消极因素，那么燕国的"北帝"梦也很快走到了尽头。

第二，既然燕国效法赵国开募匈奴骑士，这对赵国并非佳音，

---

① 《战国纵横家书》第四章。《战国策·燕策二》：（苏代）乃入齐恶赵，令齐绝于赵。……卒绝齐于赵，赵合于燕以攻齐，败之。按：据《战国策·燕策一》云，"苏秦死，其弟苏代欲继之……而齐闵、宣王复用苏代"。"宣"字疑衍。

② 此处从《战国策》《史记》等传世文献说法，以苏秦、苏代、苏厉为长幼顺序。另按近出考古材料《战国纵横家书》，则苏代较苏秦为长；因无涉本书叙述，此从旧说。

③ 《战国策·燕策一》曾提到燕人被齐国北逐之后，"北有枣栗之利，民虽不田作，枣栗之实，足食于民矣"，体现了其向北移动过程中客观上放弃"田作"、向"采集"经济转变的趋势，证明其经济能力的衰退。

④ 《史记·匈奴列传》。

因为赵国的"罢齐敝秦"也离不开外援、外力源源不断的补充。燕国用"千金"招募北边骑士之后，赵国征募、"致兵"的成本也相应大幅提高。同时，在社会、军事组织上逐渐成熟的匈奴，就变得不再那么轻取易得。当赵国"筑长城，自代并阴山下，至高阙为塞"时，也就彻底关上了"致兵"补强的大门。

前260年，秦、赵战于上党，秦攻赵守。赵国先以廉颇为将驻守长平，"廉颇坚壁以待秦，秦数挑战，赵兵不出"[1]。两军僵持数月之后，赵孝成王不满廉颇坚壁不出的策略，换上赵括，以求速胜，导致了赵军最后的惨败。从宏观的战略上讲，两军长期对垒，比拼的是背后的生产和前线补给能力，长平就在赵国边境，去秦甚远。按理说，赵军的粮草补给和兵员补充比起远道而来的秦军要便利太多，但赵孝成王表面上不满廉颇坚守战术，更换赵括而求速战，实际上反映出的应该是赵军的人力、物力储备根本不足以支撑长期的消耗战[2]。从这个意义上讲，赵国不仅仅败给了纸上谈兵的赵括，更是在这场持久对峙开始时，就败给了自身（因维系"致兵"支出而）下滑的生产能力。

第三，长平之后，赵国幸赖老年的廉颇和后起的李牧，仍维持数战之力，并保持了向东北燕国继续略地的趋势。但是，长期应募而迅速组织化、职业化的匈奴骑兵，最终双倍加速了赵国的衰落。由《史记》记载李牧乃"赵之北边良将也，常居代雁门，备匈奴。……大破杀匈奴十余万骑"可见，匈奴骑兵规模已然巨大；而且李牧常

---

[1] 《史记·廉颇蔺相如列传》。
[2] 《史记·田敬仲完世家》：赵无食，请粟于齐，齐不听。

备匈奴所将边军的规模也应与之相当①。对赵国而言，这既分散了备秦的实力，且又徒增额外的支出②。不知当时的赵孝成王是否会怀念，前317年"韩、赵、魏、燕、齐帅匈奴共攻秦"时，那个尚不足当一面的匈奴。

第四，随着燕、赵相继筑起长城，关闭了太行山北部诸陉的通道入口，已经完全卷入农业人群互动网络的匈奴，只好渐渐离开他们位于大兴安岭以西、燕山以北的故乡，逐渐西移，来到阴山以南的河套地区。前272年，当秦国发觉当年赵武灵所尝试的"从云中、九原直南袭秦"的路径，已经暴露于匈奴的控制范围之下时，秦国也"筑长城以拒胡"③，完成了北边三国最后的长城修建工程。而匈奴人群则将与这堵长墙一同完成燕、赵，或者说东部诸国，最终的复仇。

---

① 《史记·廉颇蔺相如列传》。本篇记载此战李牧所选参战兵士有十六七万人："于是乃具选车得千三百乘，选骑得万三千匹，百金之士五万人，彀者十万人，悉勒习战。"

② 《史记·廉颇蔺相如列传》：市租皆输入莫府，为士卒费。

③ 《史记·匈奴列传》。

势不可当

前229年，李牧伏诛；一年后秦将王翦大败赵军，攻下赵都邯郸，赵王迁被俘，赵国名存实亡。近八十年前赵武灵王"胡服骑射"起所积累的强国遗产，荡然无存。虽然几度"天下之士合纵相聚于赵而欲攻秦"[1]，虽然赵将庞煖组织的战国最后一次五国攻秦（前241年）坚持到了秦王政的时代，但赵国的命运早在前284年，与燕破齐的那一刻时，已然注定。

在赵国的起落中，纵横家的身影屡屡闪现。齐国通过兵（法）家的努力，抑制了魏国向东的势头，促使第一代纵横家"惠施欲以魏合于齐、楚以案兵"。而秦国为了打破东部的防守体系，开始了"张仪欲以魏合于秦、韩而攻齐、楚"的实践。夹在秦、齐之间的魏国，不甘于夹缝中的生存，这便有了公孙衍的五国帅匈奴伐秦。（利用三晋向东施压，就此成为秦国长期不变的策略。）惠施、张仪和公孙衍的第一回合较量，如同层层浪潮，由秦国掀起，撞在齐国这块礁石上，又通过魏国反弹到秦国身上，但其威力无论如何都比最初时减弱了许多。

---

[1] 《战国策·秦策三》。

当这波浪潮被秦国轻松化解后，就朝着中原最弱的方向——最北方的赵国——渐次涌去。赵国显然不如齐国根基稳固，受到东（齐）西（秦）的合力后，便只能继续向北退缩，直至进入林胡、楼烦之境。把握天赐良机的赵武灵王从北方牧民的骑射战术中得到启发，一边募集外援（马匹与骑士），一边开始了对赵国骑兵的改造。"胡服骑射"后的赵国军力提升，以楼缓相秦、仇赫相宋的机会，暗中操纵了齐、魏、秦、楚之间第二回合的角逐。"罢齐敝秦"之后，终于成功攻下中山国，又将实力提升一阶。

赵国的变强，事实上打破了东西之间的均势局面。在东亚大陆的版图上，秦国要东扩，楚国（抗秦的同时）要东扩，三晋（一边抗秦一边）也要东扩，只有最东部的齐国是唯一一心抵抗的一家。为了破局，齐国尝试过北扩的可能，但遭燕国"千金买骨"和苏秦反间暗中破坏。在此情况下，抵抗之力即使没有明显削弱，随着东扩的力量渐渐变强，也会相对处于劣势。

赵相李兑导演了中原诸国之间的第三回合较量，表面上的五国抗秦，难掩削齐的众手一心。因为如果东扩的壤地可以及时弥补西部丧地的损失，那么在艰难抗秦与夺土于齐之间，就不再是一个困难的选择。这对赵国（以及韩、魏、楚）来说，不但可以接受，而且经验丰富。齐国吞宋，恰在此时给了虎视眈眈的三晋期待已久的口实，而齐国并宋后实力的提升也不是三晋所愿见到的。这就解释了虽然燕国攻齐最深，但赵国割齐最甚的原因。

不过，从齐国的最终削弱中获益最多的，非赵非燕，而是秦国。西秦、东齐之间的攻防斗争，构成了战国时代的主旨。从秦惠王时张仪的"以魏合于秦、韩而攻齐、楚"，到秦昭王时范雎的"远交而近攻"①，秦国的东扩战略始终不变，但策略改变，从攻齐、楚转为攻三晋。最后帮助秦国实现这一目标的，不是当初的魏国，而是无意之中走上强国之路、"抑强齐四十余年，而秦不能得所欲"的赵国。赵国很快体验到一荣俱荣、一损俱损的滋味，因为失去齐国这个黄河下游的最强后盾之后，赵国割齐之速，很快就赶不上秦国攻赵之速了。

回到纵横家的谋略，"（公孙衍、张仪）一怒而诸侯惧，安居而天下熄"一句，其实过于夸张。真正令诸侯惧的，分明是他们背后的"秦王怒，伐取魏之曲沃、平周"。正如当魏襄王的相邦田需去世时，三位继任相邦候选人"张仪、薛公、犀首"，所引起的魏国政坛的争议那样。"张仪相魏，必右秦而左魏。薛公相魏，必右齐而左魏。犀首相魏，必右韩而左魏"②，真正起决定性作用的，并非张仪、田文或公孙衍的个人能力，而是代表了这种结盟背后的国家策略。

说到底，纵横家并不是新鲜的产物。对外作战，拉上盟友共同出兵，均摊作战成本，共分获胜的战利品，最开始本是周王的特权。周人伐商时与羌（戎）结盟，使姜姓齐侯得以分封滨海的齐国。只是这时周人拥有最强的军事力量，基本上遮蔽了盟友的力量。随着周王东迁，"王室之矛"郑国率先以结盟手段策动自西向东的攻势。当齐国无法独力阻挡向东的人流时，同样通过古老的结盟方式，九合诸侯，将同处被冲击位置的东部国家捆绑起来，一同抵挡住了

① 《战国策·秦策三》。
② 《战国策·魏策二》。

周人东迁引发的迁移浪潮，奠定了齐桓公的霸主地位。

后来的"霸主"都掌握了这种"均摊风险、均分战利"的战略技巧，与有着共同利益的诸侯组成盟国，使自身在每次战争开始时，都尽可能处于一种更占优的局面。只不过随着"兼人之国"的愈演愈烈，春秋时代规模较小、对立关系并不明显的局部战争，让位给了规模更大、对立关系也更持久的国际战争。原先短短数日的战争，演变为长达数年的持久对峙；而原本战争结束就宣布离任的联军统帅，将在这个职位上占据更长久的时间。因此，对资源调配、局面掌控要求更多的跨国际调度者——纵横家——作为各国联盟的标志应运而生。数国共相一人，真正表明的是数国为盟的关系，而不是说明作为联盟象征的一人，真能权倾数国。明白这一点，就知道后人对"六国拜相"往往有着浪漫的误会。

其实，无论"合纵"还是"连横"，都不绝对，秦、赵、齐都曾为合纵的攻击对象，也曾为连横的一方，并不固守哪一方的位置。唯一的共同趋势是，随着实践的推移，各国交战的战场也不断向东移动——在秦国的终极推动下，战国时代的人口迁移浪潮，终将沿着黄河的走势，朝着东亚大陆的东北部不断涌去。

秦国第十一

秦并天下

公元前247年，秦始皇即位。在他父亲秦庄襄王时，秦已南"并巴、蜀、汉中，越宛有郢，置南郡"，将楚国核心人群东逐至淮河中游（前278年），又"北收上郡以东，有河东、太原、上党郡"，残韩、赵、魏颇深，几乎将三晋逐出山西高原，并灭周（前249年），事实上终结了"东周"时代①。现在，将由他完成最后统一六国的事业。

即位头十年的秦始皇一方面平定了宫闱之乱，另一方面，则以李斯为主谋继续东进，蚕食黄河中游的三晋领土。虽然秦军在翻越太行山攻赵过程中，两次受挫于李牧，被迫暂时收敛于山西高原，但这并没有延缓秦国从另一个角度侵吞三晋的脚步。前233年，"事秦三十余年，出则为扞蔽，入则为蓆荐……入贡职，与郡县无异"②的韩国似乎预感到终点的临近，遂派韩非西入秦国，施展"谋弱秦"之策。事实证明，韩非的辩才不如李牧的谋略奏效，他的努力不但让自己身陷囹圄（后自杀），而且加强了秦国从韩国开启统一历程的决心。

---

① 《史记·秦始皇本纪》。
② 《韩非子·存韩》。

前231年，韩王安因"谋弱秦"不果，将南太行山以南的南阳地献与秦国。这一本意消怨的举动，使得秦、韩之间的强弱关系更加明显。一年后，秦国便以南阳假守内史腾发兵灭韩，俘韩王安。韩国故地变更为秦之颍川郡。

秦国攻占了韩国，三晋仅剩其二。前229年，秦将王翦率上地兵卒，从"太行八陉"中的井陉攻赵都邯郸。"上地"前一次出现在历史视野当中，还是因李悝在魏国"上地守"的任上屡次抗秦的高光时刻。而此时此刻，上地之裔则已成秦军攻赵的先锋。李牧与王翦对峙三月即被赵王诛杀，嗣后王翦大败赵军，攻下赵都邯郸，赵王迁被俘。赵公子嘉逃亡代地，后与燕国合兵，赵国名存实亡。

秦灭韩、破赵，令燕国倍感压力，遂有荆轲刺秦的尝试。此举失败，更激秦国攻燕之心。前226年，秦遣王翦从赵地沿东太行—燕山一线进兵，击溃燕国与代地联军。秦增兵后，又很快攻破燕都蓟城，诛荆轲背后的主使者燕太子丹。仅剩下燕王喜、赵代王嘉与燕国残余逃亡辽东。同一年中，秦始皇又分遣王翦之子王贲伐楚，"大破楚军，亡十余城"[1]。

连续攻破赵国、燕国后，王翦请求"病老归"，但秦始皇并没有丝毫倦意。一年后，以王贲军进攻三晋中剩下的魏国。王贲引黄河、鸿沟水淹魏都大梁城，三月城坏，魏王假出降，魏国灭亡[2]。至此，三晋都已归秦，只剩下黄、淮下游的齐、楚，以及退居辽东的代、燕残部延续一息。它们的共同点在于，都位于距秦最远的海边。

---

[1] 《史记·楚世家》。
[2] 《史记·魏世家》。

秦国灭魏之后，秦始皇即遣李信、蒙武率军二十万攻楚，遭败。只能再次起用王翦，将六十万秦军攻楚，并于前223年，击溃楚国最后的主力项燕军，破楚都寿郢，降楚王负当[①]。正当王翦继续平定楚地，"降越君，置会稽郡"[②]之际，秦始皇于前222年，再遣王贲攻辽东，灭燕，虏燕王喜，"亦虏代王嘉"[③]。一年后年，王贲挟灭燕之势南下攻齐，俘齐王建，齐亡。

11.1　秦灭六国时间表

时间	统兵将领	国家
前 230 年	内史腾	韩
前 228 年	王翦	赵
前 226 年	王翦	燕
前 225 年	王贲	魏
前 223 年	王翦	楚
前 222 年	王贲	代、燕
前 221 年	王贲	齐

至此，经过十年时间，山东六国按照韩、赵、魏、楚、燕、齐的顺序，悉数为秦所并。从上表可见，秦国遵循南北两路分别向东，一路径从北面沿着阴山—泰山一线，进攻燕赵；另一路，沿着秦岭—大别山挥师楚、越，最后，这两路一南一北合并于齐。这最终结局

---

① 《史记·楚世家》。
② 《史记·秦始皇本纪》。
③ 《史记·燕召公世家》。

也符合齐国作为黄河流域的下游终点、抗秦最为坚决的砥柱形象。

统一六国以后，秦始皇前往陇西秦国发源之地，例行祭拜。然后，于前219年，前往齐国，在泰山完成了包括立石、封禅、祠祀在内的一系列活动，并在领土的最东端，派遣使者"入海求仙人"。从前230年并韩开始算起，秦始皇花了差不多十年时间，终于从大陆的西端来到最东端。在后人的叙事中，这摧枯拉朽一般的统一战争，其实可以视作秦国之前数百年历程的高度浓缩。

然而，秦国并非一夜之间席卷天下，六国也非从来就如此孱弱，那么倘要更清晰地呈现这一过程，就应该回到秦国向东的最初原点。

秦国向东

　　西周中期以后（公元前九世纪后半叶），秦人以牧马为周孝王所倚重，这为其提供了最初的发展契机。随着秦人全面控制马匹专营的权利，令其人口和社会组织都得到了大幅的提升，从周人的畜牧生产者转变为可以提供军事服务的边境盟友。这使得秦襄公有机会在周幽王之世，选择站在申侯与周平王一边，"将兵救周，战甚力，有功"①，并获得平王"戎无道，侵夺我岐、丰之地，秦能攻逐戎，即有其地"②的授权。

　　秦襄公在有生之年坚决贯彻周平王的指示，死时"伐戎而至岐"（此事在《国语·郑语》中的另一种说法则是："秦景、襄于是乎取周土"）。前750年，襄公之子秦文公"以兵伐戎，戎败走。于是文公遂收周余民有之，地至岐，岐以东献之周"③。周人对"岐以东"之地的控制并没有维持太久，因为秦人始终没有停下向东的步伐。到文公的孙子秦武公时，秦人的疆域已东移到华山脚下，而武公兄弟秦德公以后，国土日广，其子孙得以"饮马于龙门之河"。

---

① 　《史记·秦本纪》。
② 　《史记·秦本纪》。
③ 　《史记·秦本纪》。

秦人早期东扩所造成的影响，我们已经在第四章有所了解。大致在秦武公同时，晋国就发生了"曲沃代晋"之事；得到强援的西部曲沃击败了东部的绛都，这无疑预示了东周时代人口迁移的主旋律。而在晋献公废长立幼的内乱争端中，同样少不了秦国向东逐戎入晋的影响。继晋国后，第二个受到秦国逐戎影响的就是周王室本身。晋国或许为了减轻自身压力，于前655年攻灭南虢国的同时，也将诸戎分流到了王畿之内。这些不期而至的外来人群，极可能点燃了周王最后的雄心，只是很快就被齐桓公的"尊王攘夷"所浇灭。

与周、晋在诸戎入境过程中发生政治动荡形成对比的，是秦德公之子秦穆公时"伐戎王，益国十二，开地千里，遂霸西戎"的拓土开疆。不过，随着晋侯世系通过婚姻纽带将诸戎吸纳进自身的社会体系，晋国实力也由此增强，秦、晋之间渐成僵局。（晋献公开启的）晋国表面上的强盛，在很长一段时间里，阻缓了秦国进一步向东的脚步，使秦国"僻在雍州，不与中国诸侯之会盟，夷翟遇之"[1]的局面维持了更长的时段。

当然，稳定的格局也在暗中催生改变。秦、晋历史上，分别在秦襄公（向东逐戎推动曲沃的崛起）、秦穆公（逐大戎、小戎、骊戎乱晋），以及秦桓公（逐陕北白狄入晋）时，发生过三次诸戎入晋。山西高原的多孔道特征（比如"太行八陉"的存在），使诸戎都有机会保持各自领地，或在晋侯足够强大时为之效力，或在晋侯衰微时各自角力，并始终保持了山西高原对东部平原的施压——早期的范、

---

① 《史记·秦本纪》。又云："三晋攻夺我先君河西地，诸侯卑秦，丑莫大焉。"

中行，及后期的智氏都是在这一宏观趋势下式微。这种富有层次感的人群迁移运动，最终经历二百年的缓慢过程，以"三家分晋"的结果造成晋国的分裂。这一过程，好比一块地基未平的地砖，在上方压力的冲击下，终因下方散布的微小瓦砾，导致受压不均而碎裂。

随着秦厉共公于前461年，"以兵二万伐大荔，取其王城"，标志秦国全面控制渭河平原，与三晋接壤（并于前444年，"伐义渠，虏其王"，进一步巩固了对"河西"地区的控制）。这也意味着后者失去了从西部人群中积攒人口资源的途径。虽然"秦强（三）晋弱"的格局就此奠定，一分为三的晋国在秦国面前变得相对势弱了许多，但这种困境反而激励与秦国接壤最多的魏国另辟蹊径，在整个战国范围内率先任用李悝、吴起变法，举全国之力，阻秦于河西[1]。

至此，从秦襄公开始的秦国东扩历程告一段落。源自孔子"足食，足兵，民信之矣"观念的改革方案，以"尽地力之教"的形式，植入了魏国实践的土壤。它通过国家"自上而下"鼓励农产的方式，将各执其业的散居农民变成了统一的国家雇农。这在很长时间里，挖掘出了魏国国民的生产潜力，并转化为军事实力，给秦国的东进事业造成了有史以来最大的障碍。魏国设置的阻碍甚至超过了之前的晋国时代，因为此时的秦国与魏国接壤，其间已经无戎可逐。既然不再能通过移民浪潮冲击三晋，秦国也将开始寻求变迁之道，以此适应魏国带来的全新局面。

---

① 《史记·秦本纪》。

商君之法

秦厉共公之后的近一个世纪中，秦国王位更替频繁，所谓"秦以往者数易君，君臣乖乱"。表面上的秦国政局动荡，若是转换视角观之，呈现的则是另一番解读。因为这近一个世纪的时间恰与魏文侯及魏武侯重合，魏国正值李悝变法后国力强盛的峰值。当魏国抑制了秦国东扩的企望后，军事失败导致的物质消耗，使得秦国内部出现应对困境——如同西周末期，西戎、申戎在疲于应对北部频繁有警的局面时，以合攻幽王而告终。

一如魏国的崛起，造成了秦国的困境，秦国的化解之道，也同样来自魏国。魏国的河西要塞只是暂时阻止了秦国的东扩，但其无法阻隔魏国的"成功秘诀"反向入秦——尤其是当魏国多次试图扶植居魏的秦国公子返秦执政，以图缓解西部压力的情况下（这与昔日秦穆公先后扶植晋惠公、晋文公即位有着相仿的意义），比如，秦简公、秦献公都曾流亡于魏[①]。秦简公归国后便开始复制东部国家的经济政策，"初租禾"（前408年）。而更晚一些的秦献公更是在改革

---

① 《史记·秦始皇本纪》：怀公从晋来。……简公从晋来。按：此处"晋"实指魏地。前453年赵、韩、魏灭智氏；前433年晋公室仅余绛、曲沃两邑。《吕氏春秋·不苟论·当赏》：公子连亡在魏……入翟，从焉氏塞，菌改入之。……至雍。……公子连立，是为献公。

的道路上走得更远，他即位伊始便废除"人殉"，次年向东迁都至栎阳（前383年），数年后"初县蒲、蓝田、善明氏"于秦国东部（前379年），又"初行为市"（前378年）、"为户籍相伍"（前375年）[1]。

这些手段在秦国初见成效（前366年秦两败魏、韩联军；前364年、前362年两次攻魏于河西，都取得大胜），让秦国更加坚定了改革的方向。因此，前362年秦孝公接替献公即位，次年接见魏人卫（商）鞅，前359年支持商鞅展开更系统化的变法。虽然后人"（李）悝撰次诸国法，著《法经》……商君受之以相秦"[2]的观点，由于文献散佚而缺乏直接证据，但"商鞅变法"核心源自李悝"尽地力之教"的改革则是不争的事实——商鞅入秦变法的第一举措，便是说服秦孝公颁布《垦草令》[3]。

《垦（草）令》为《商君书》的第二篇，围绕"草必垦"这一目的，制定各类措施。其主旨可以归纳为：尽一切努力，让尽可能多的民众，将所有精力都用于"垦草"（开垦荒地），以便在这些新开土地上广泛种植粮食作物。之后，《农战》篇则通过"国之所以兴者，农战也"[4]，解释了农耕的重要性，并将其与征战放到了等同的地位。到这里可以发现，商鞅的《垦草令》的确就是"尽地力"的秦国版本，甚至还能帮助我们弥补《法经》失传的遗憾，一窥李悝变法的实质。

商鞅在秦国力推全民"垦草"，而全面生产粮食的目的，是为了"任地待役"、"待役实仓"，即"兵出，粮给而财有余；兵休，民

---

① 《史记·六国年表》、《秦始皇本纪》。
② 《晋书·刑法志》。
③ 《商君书·更法》。
④ 《商君书·农战》。

作而畜长足"①。也就是说，超大规模的粮食生产，是为战争所作的准备；粮食储备越充足，则在持久度和投入强度上，为战争提供了越大的保证。同时，商鞅也深知"耕战"本质上并非乐事，"夫农，民之所苦；而战，民之所危也"②。所以为了确保这两件既苦且危、并不为人所乐的事情能强制推行，他也建立了相应的惩奖制度。首先，以法律手段限制国民从事农业外的所有行业③，杜绝了人们另谋他业的可能；其次，用官职和爵位来激励国民从事粮食生产和对外作战的意愿④，而爵位的获得和提升反过来可以让其拥有"庶子"承担部分力役⑤，乃至免役⑥。

　　用（律法）强制力将原本各操其业的民众尽可能变为劳苦耕作的农夫，再辅以推广设县、"为田，开阡陌封疆"⑦的政策，不但让秦国生产、积累了数量惊人的粮食，还通过中央集权的方式掌控了对所有潜在兵源的支配权，尤其是打破了贵族与采邑之间的世袭关系，将大量原本附属于贵族而豁免力役的人口，释放到农业和军事

---

　　①　《商君书·算地》。
　　②　《商君书·算地》。
　　③　《商君书·垦令》：使商无得籴，农无得粜……声服无通于百县……无得取庸……废逆旅……重刑而连其罪……使民无得擅徙……国之大臣诸大夫，博闻、辨慧、游居之事，皆无得为，无得居游于百县。
　　④　《商君书·农战》：善为国者，其教民也，皆作壹而得官爵。
　　⑤　《商君书·境内》：其有爵者乞无爵者以为庶子，级乞一人。其无役事也，其庶子役其大夫六日；其役事也，随而养之军。
　　⑥　《东汉会要》（卷十八）："秦依古制，其在军赐爵为等级，其帅人皆更卒也。有功赐爵，则在军吏之例。……四爵曰不更，不更者，为车右，不复与凡更卒同也。"按：不更，即不再充当轮流服役的兵卒。
　　⑦　《史记·商君列传》。

活动之中①。对比历史上的晋国和齐国——保持了入境部族的社会组织（诸戎、陈国贵族），对外展开军事行动时也以部族集团为单位，暗藏裂解之虞——秦国在向东逐戎过程中，打散并重塑了境内各族的原有组织，预先消除了分裂的可能，也极大地扩充了兵员的来源。

总体而言，商鞅变法的核心要求与李悝"尽地力之教"的原则相同，都是以放弃其他社会生产门类为代价，最大程度转入农业产出，为潜在的对外军事行动夯实物质基础。只是由于秦国一边留下的文献记录更为丰富，再加上由于"民之外事，莫难于战，故轻法不可以使之。……民之内事，莫苦于农，故轻治不可以使之"②，在"重法"上给人留下深刻印象，常使人以为商鞅变法在于"重刑"，而忽略了其本质是用强力手段（律法）来推动的一项经济改革。

前352年，秦孝公用商鞅变法数年后，借魏国为齐新败于桂陵的机会，以"卫鞅为大良造，将兵围魏安邑，降之"③。《史记·魏世家》云："秦用商君，东地至河。"前330年，商鞅被继任的秦惠王诛后八年，秦军在新任大良造犀首率领下再次大败魏军，魏国坚守了近一个世纪的河西屏障终被秦攻破。此后，东部国家尽数暴露于秦国渐疾渐强的攻势之下④。

---

① 《商君书·垦令》：均出余子之使令，以世使之，又高其解舍，令有甬官食，概。不可以辟役，而大官未可必得也，则余子不游事人，则必农。

② 《商君书·外内》。

③ 《史记·秦本纪》。

④ 《商君书·徕民》：今三晋不胜秦，四世矣。自魏襄以来，野战不胜，守城必拔，小大之战，三晋之所亡于秦者，不可胜数也。

亡于秦而取偿于齐

　　一道难题的破解，并不意味着答案的浮现，而是另一道难题的开始。河西屏障的存在，意味着魏国可以一国之力独抗秦国；同时，也给予魏国向东攻齐的底气。待河西入秦后，魏国便不能独力抗秦，与齐国的冲突便也被放置一边——因为"以魏合于齐、楚以案兵"的策略，能让魏国利用更多东部援助，合力抗秦。

　　秦国对东部出现的新局面迅速展开回应。遣张仪相魏，"以魏合于秦、韩而攻齐、楚"，但魏国并不积极"事秦"，反而驱逐张仪，合五国并匈奴攻秦以对。魏国的反应，让秦惠王意识到，真正支撑黄河中游魏国抗秦的，其实是位于黄河最下游的齐国；韩、魏暂不可凭，但齐、楚之间的联盟却并没有那么牢固。于是决定，"招楚而伐齐"①。

　　站在东部国家各自的角度来看，除了齐国位于所有国家的东部，西抗的需求最为迫切、坚决外，与齐接壤的魏、赵、楚都有自身的立场。魏王"东败于齐，长子死焉；西丧地于秦七百里；南辱于楚"②，东西受窘，只能北图赵国。赵国如上一章所言，在东西之间

---

　　① 《战国策·韩策三》。
　　② 《孟子·梁惠王上》。

自能左右逢源，随势而动。而楚国秉承了春秋以来自西向东的趋势，相比抗秦而言，向东略地具有更大的吸引力。比如，楚怀王即便为张仪所欺，仍一再"绝齐"而"和秦"（前312年未听陈轸之言而伐秦，但楚军大败，秦楚议和，其后怀王虽时纵时横，且图谋"取地于秦"，但总的来说，对秦趋于软弱），其思路或如谋士陈轸曾经的建议："伐秦非计也，王不如因而赂之一名都，与之伐齐，是我亡于秦而取偿于齐也"①——只要伐齐所得多于亡秦所失，那么在艰难抗秦与夺土于齐国之间，并不难于抉择。

终楚怀王一世，固然在国家②与个人③方面屡屡受秦压抑，但楚国的确在向东的路上大幅迈进。只不过，楚国自江、淮之间，向东移动的过程，基本上是"东取地于越"④，并吞故吴地，让越"服朝于楚"，以为楚之"东国"⑤。此间地域颇广，以至于经由"（楚迫）越兴师北伐齐"⑥，只对齐国产生间接影响。反倒是楚国延续了历史上"政乱兵弱"便以伐越补强的传统，不但有"越人庄舄仕楚执珪"⑦，将越地人物吸收为楚之股肱；还有"春申君因城故吴墟"⑧，直接将楚

---

① 《战国策·秦策二》。

② 前312年，秦军沿武关道攻楚，斩首八万，又败楚军于蓝田；前301年，斩楚军二万；前300年，先取襄城一邑，后取八城；前298年，又沿武关道，斩楚军五万。

③ 前299年，楚怀王入秦被扣；前296年，死于秦。

④ 《史记·楚世家》。

⑤ 有记载说楚怀王曾用召滑乱越。《史记·樗里子甘茂列传》：（怀）王前尝用召滑于越……越国乱。《战国策·楚策一》：（怀）王尝用（召）滑于越而纳句章……此者越乱而楚治也。《韩非子·内储说下》：前时王使邵滑之越，五年而能亡越。

⑥ 《史记·越王勾践世家》。

⑦ 《史记·张仪列传》。另有《战国策·秦策二》，对同一轶闻作："王独不闻吴人之游楚者乎？"

⑧ 《史记·春申君列传》。

人任命为调度吴越的执政者，将来可助楚"收东地兵，得十余万"①，为日后秦始皇两次伐楚方始攻克埋下伏笔。

既然迫楚向东并未从根本上动摇齐国的防御体系，秦国还有一路选择。《战国策·齐策二》云："秦攻赵，赵令楼缓以五城求讲于秦，而与之伐齐。"正如楚国内部有愿"和秦伐齐"者（楚怀王本人），赵国之内持"欲以赵合秦、楚"②、"结秦连楚、宋之交"意愿的人也不在少数（以楼缓、赵武灵王为代表）。毕竟，艰苦抗秦只能守地不失，无所增益，但伐富庶之齐则确有利可图。正所谓"秦得地而（赵）王布总，齐亡地而（赵）王加膳"③，对赵国而言，"亡于秦而取偿于齐"的道理也一样通行。

而且，三晋伐齐时，能得秦兵资助，秦国却无法越境获得夺取的齐地，这些新获土地都为三晋所得。比如前290年，魏国"并将秦、魏之兵以东击齐，启地二十二县"，只是前者很快忘记，这些秦兵不过是用"长羊、王屋、洛林"等西边之地所换取来的④。"长羊、王屋、洛林"又称"河东地四百里"⑤——从河西到河东，随着三晋伐齐的目标日趋接近⑥，他们被秦所驱向东的步伐也愈来愈疾。

诚然，在旁观者眼中，秦国增兵三晋，是秦国"出兵以劫魏、

---

① 《史记·楚世家》。
② 《战国策·赵策三》。
③ 《吕氏春秋·审应览》。
④ 《战国策·魏策三》。
⑤ 《史记·魏世家》。
⑥ 《史记·孟尝君列传》：（孟尝君）乃如魏，魏昭王以为相，西合于秦、赵与燕共伐破齐。又见《战国史料编年辑证》（下），第815页。

赵"①，但正是秦国在北线（赵）、中线（魏）和南线（楚）所促成的"秦、楚、三晋合谋以伐齐"②，使齐国屯兵于济西，疏于防守北线，为"燕兵独追北，入至临淄，尽取齐宝"③，大败齐国创造了条件。前283年，燕国破齐一年后，"秦复与赵数击齐"④。从秦简公、秦献公始变法一个多世纪后，秦昭王终以"千钧之弩决溃痈"⑤之势推动了这块黄河下游的砥柱之石。当齐国从此退出强国行列，秦国也将从楚国、魏国和赵国的背后渐渐走到台前。

　　站在砥柱之石的角度来看，齐国的盛衰足堪"虽败犹荣"之誉。从春秋时代开始，齐国分别抵挡了由周（郑）、晋（狄）和吴（越）带来的三次人口浪潮的冲击，虽然中间导致田氏代齐，但齐国依旧屹立不动。自战国时代以来，在人口优势不再的情况下，齐国竟能依靠兵（法）家的谋略，又分别抵御了魏国、楚国和赵国推动的三次人潮冲击。齐国已将防守的技艺发挥到了极致，留下无数经典之战。韩非曾谓"齐，五战之国也，一战不克而无齐"，这不仅是对"万乘之存亡"的惋惜，更是一种对历史洪流不可阻挡的慨叹——不断向东的秦国终于得志于齐，一统天下。

① 《史记·赵世家》。
② 《史记·燕召公世家》。
③ 《战国策·燕策一》。
④ 《史记·赵世家》。
⑤ 《史记·穰侯列传》。

秦国之势

　　齐国残破，秦国向东更加肆意。前270年，魏人范雎入秦，后替穰侯魏冉为秦相。范雎一改穰侯"越韩、魏而攻齐"的战略，而用"远交近攻"之策①。此后至秦始皇即位，二十多年中，秦昭王就已完成数残韩国，大败赵军于长平，围邯郸，以及灭周迁九鼎等一系列战役，取得了"天下来宾"之势。因此，之后即便秦昭王子（秦孝文王）、孙（秦庄襄王）即位早崩，曾孙秦始皇依然得以顺势而为，在十年光景里，就完成统一中国的事业。

　　回看秦国在数个世纪中走过的历程，有助于我们重建东亚人群迁移的动态视角。如前所述，秦国东进可分四个阶段，见下表：

表11.2　秦国向东扩张时段表

阶段	秦国执政	主要活动	时段
第一阶段	秦襄公至秦厉共公	向东逐戎	约前771年—前444年
第二阶段	秦简公至秦惠王	与魏僵持，而行变法	约前408年—前330年
第三阶段	秦惠王至秦昭王	逐魏、楚、赵向东伐齐	约前313年—前273年
第四阶段	秦昭王至秦始皇	近吞三晋，远灭楚、齐	约前269年—前221年

（时段为约数，仅以标志性事件作为起讫点，故前后并不衔接，特此说明。）

---

　　① 《史记·范雎蔡泽列传》。

由上表可见，从秦国的视角审视东周的历程，经历了由西部人群所推动、从稳定到裂解到再度稳定的多个阶段。第一阶段（以前444秦伐义渠为止）的三百多年时间里，秦人向东逐戎，不断渗入周、郑东迁后形成的稳定局面，而秦以东国家不同程度吸纳诸戎，引起自身社会重组，导致了三晋的分裂。第二阶段（以前408年秦简公"初租禾"为始，至犀首并河西）魏国率先变法，与秦国僵持，这是几个阶段中秦人最受挫的时刻。但魏国比起之前统一的晋国还是稍逊一筹，使得持续变法后的秦国有机会重新漫过河西的堤坝。第三阶段（从"楚绝齐"至前273年，秦停止助赵伐齐[①]）几乎是第一阶段的再现，魏国、楚国与赵国复刻了入晋诸戎曾经的角色，而田氏齐国则成为新一代的"晋国"。正是秦国持久推动江、淮与黄河中游人群东侵下游的尝试，最终造成了齐国的沦陷。

　　在第四阶段中，由于三晋与楚国背后已经不再有另一个强盛的齐国作为支撑，秦国为避免"秦割齐以啖晋、楚，晋、楚案之以兵，秦反受敌"[②]的局面出现，不待三晋与楚国在黄、淮下游重新整合，果断采取逐个击破的战略。由表中可见，这一阶段虽然开始于范雎相秦之后，但转变在魏冉执政后期已经出现，因此秦国在五国破齐之后，就已经逐渐开始提速"（远交）近攻"，只是在范雎继任后这一趋势变得更为显著。而等到秦始皇之时，由于黄、淮下游国家的防御体系早已不堪重负，便很快在秦军面前放弃了最后抵抗。

　　秦国的统一历程经五百多年时间终告段落，虽然一切显得水到

---

① 据《史记·穰侯列传》，前273年，魏冉撤销了"秦将益赵甲四万以伐齐"的动议。
② 《史记·穰侯列传》。

渠成，但秦国的优势仍然值得一说。首先，是秦国的地理优势。其优势，与其说在于秦国如苏秦所赞美那样，"西有巴、蜀、汉中之利，北有胡貉、代马之用，南有巫山、黔中之限，东有肴、函之固"[①]，是一易守难攻的天府之国，不如说是秦国位于黄河、长江流域所有国家的最上游。上游国家进攻下游显然更加容易，不仅因为如大量案例（楚、赵）所见，下游的人群比较而言易于放弃抵抗、趋向更下游，而且从技术层面上讲，上游发起对下游的进攻比相反方向会更加节省人力、物力。

比如，秦国占据蜀地后，进一步提升了进攻楚国的优势，"蜀地之甲，乘船浮于汶，乘夏水而下江，五日而至郢；汉中之甲，乘船出于巴，乘夏水而下汉，四日而至五渚"[②]。秦国不但可以从岷江、汉江多路攻楚，不再限于原先武关道的单一陆路途径，而且可以利用上游带来的水位势差，"一日行三百余里，里数虽多，然而不费牛马之力"[③]，为行军带来了速度和效率上的大幅提高。这些都是下游人群在攻秦时所极大欠缺，且在防御秦军时所不具备的。（插一句，秦、楚间的上下游关系，还能从"追及问题"的数学角度，解开楚人避秦的困境。并非楚人多受商鞅"徕民"之策鼓动而入秦；只不过，楚人远离秦国的速度，赶不上秦国削楚的速度，才使得大量西部楚民在根本未曾动身的情况下，被动没入秦境，成为秦人。相对宏观国家格局的变化来说，个体选择的结果并不显著。）

---

① 《战国策·秦策一》。
② 《史记·苏秦列传》。
③ 《史记·张仪列传》。

下游国家不论单独还是合纵攻秦，由于是逆流而上，无法利用水路，仅从物资层面上讲，耗费就要数倍于上游的秦国，在行兵速度上也远逊于秦。这就是东部国家几次合纵都只能止步函谷关外的重要原因。另外，由于秦攻东部国家时普遍都处于上游，所以在前225年王贲围攻大梁时，可以采用引黄河、鸿沟水灌城的极端战术——本质上是秦军控制了河水更上游的位置。当然，这种地理势差在秦国东进的早期尚不明显，比如在逐戎入晋过渡到与魏国僵持阶段时，就耗时极长，难度远超后期。纯粹的外部原因在于，山西高原平均海拔与渭河平原不相上下，局部还略高于关中平原，使得晋国和后来的魏国都暂能克制上游秦国所拥有的地理条件；而一旦秦国夺取了河西后，就形成了对东部下游诸国的明显优势。

其次，秦国的马匹供应远超他国。秦国本身就以为周人牧马而崛起，秦穆公时就拥有当时最著名的两位相马者，伯乐和九方皋①。这使得秦国在公元前四世纪后半叶时，不但在军力方面处于绝对领先地位，而且以战马超群著称："秦带甲百余万，车千乘，骑万匹……秦马之良，戎兵之众，探前趹后、蹄间三寻者，不可称数也。"②而且，秦军中配备的此类高大体型的马匹为他国所未见。

战国时期战争频繁，无论战车还是骑兵，都离不开马匹的稳定供应。战争的胜负，不仅取决于兵力的多寡，其实在很大程度上还取决于战马的生产和保有。苏秦所谓秦国优势之一"北有胡貉、代马之用"，正是指出北方所产良马的价值。在赵国与燕国向北开拓，

① 《列子·说符》。
② 《战国策·韩策》。

获得"林胡王献马"之前，秦国是诸国中唯一拥有马匹完整繁殖渠道的国家；而且很快因为"秦以三郡攻王之上党……代马胡犬不东下"[①]，封堵了赵国获马的外来途径，重新拉开了与燕、赵的差距。

这些以马匹为代表的军事潜力，很快转化为秦国的综合实力。正如魏国甘心用"河东地四百里""长羊、王屋、洛林"换取秦兵助阵，以求胜齐，赵国亦然。这种交换关系，不但使得秦国疆域不断扩大，还令其他国家的财富源源不断地流入秦国，益成其不可阻挡之势。

最后，农耕之基，是让秦国不但越过魏国河西屏障的关键，更是超越地理、生态适应等优势，东克群雄的根基。张仪曾向楚王夸秦"虎贲之士百余万，车千乘，骑万匹，积粟如丘山"[②]，实际上，"积粟如丘山"构成了"虎贲、车骑"的先决条件。商鞅"垦草令"的严格推广，使"栎阳二万石一积，咸阳十万石一积"[③]成为可能；在物质条件上，为秦国提供了超过东部国家的基本保障。

在秦昭王至秦始皇的阶段中，秦国出兵频率极高，而且战败不在少数。阏与之战（前270年）、王陵围邯郸之战（前259年），以及李信伐楚之战（前225年）都遇败，二十万秦军伐楚更是遭遇大败。但秦国重整的速度极快，往往他国尚未喘息品尝胜果，而秦军又至。比如李信伐楚败后，仅仅过去一年，秦始皇又以王翦率六十万大军击楚，令楚国全面溃败。这足以体现商鞅变法中"农战"结合的重要作用。闲时为农、战时为军的农兵结合确实为秦提供了不竭

① 《史记·赵世家》。
② 《史记·张仪列传》。
③ 《睡虎地秦墓竹简·秦律十八种·仓律》。

的人力、物力储备，好比上游干流被堰塞湖迅速抬高的水位，使之在漫坝之时，对下游爆发出更加惊人的推动力量。

当然，商鞅变法中的"重农主义"虽多次以"重关市之税"、"无裕利，则商怯；商怯，则欲农"、"农恶商，商疑惰，则草必垦矣"①等辞令表达了"恶商、欲农"的观点，被后世归为"重农抑商"的源头，但其所指的核心其实是"抑百业而独重农"——因为《商君书》中所抑之"商"，并非狭义上的商贸活动，而是广义的交换行为。

在一个更多元的社会中，人们操持百业，农民可以农产品交换畜牧、手工、盐铁等其他物品，反之百业也可各行生产，或交易农产，或丰富市场，以促进全社会的各通有无、自给自足。然而，商鞅变法之后的秦国以举国之力而事农业，这在战争时代诚可为国家提供无穷的粮草和兵员储备，但这一严重单一的生产品类（意味着无法实现其他产品的自给自足），将使其之后不得不发展出国家化的庞大交换体系。比如，将畜牧产品的获得完全依托于漠南草原上的游牧人群——用国家垄断的"如丘山"一般的粮食，而致力于（马、牛等）牧产的获得。这种跨生态体系间的外部交换，相比国内多元化生产而激发的内部交换，必将产生更加深远也更无法逆转的后果。

当草原人群逐渐适应来自东亚最大规模粮食产地的物质需求时，他们将携着燕、赵的复仇一道，连同受此激发而逐渐层级化的游牧社会，不断"从云中、九原直南袭秦"，最终成为秦、汉等农业帝国心头挥之不去的阴云，并因此不断参与、改写东亚大陆的历史。

---

① 《商君书·垦令》。

诸子第十二

春秋三前浪

本书至此处，我们终可以一种全新的视角，重新叙述东周时代的古人在地理空间和精神世界上的轨迹，也为超前进入本章的读者，提供一些思考的线索，增进些许阅读上的兴趣。

首先，东周的积淀不仅始于周幽王之世，而是可以追溯到西周统治崩溃末期之前。大致从周宣王开始，周人已在东部的黄河中游提前营建成周洛邑，以备不时之需。宣王的父亲周厉王背负了周代中前期的所有积重难返的问题，既面临南方铜料不贡、北方良马不供的物资缺乏，又陷入"国人"拒绝增税、征兵的内部反对，使其不得国十四年而亡。所以，在周宣王即位前期，将兄弟王子多父封于洛邑以东的（新）郑国的决定，已经预设了东周的轨迹。

周宣王当年的决定，无法拯救弟弟、儿子（郑桓公和周幽王）于镐京，因为他本人在国人抗争的情况下，不得已开征申戎、西戎，由是将国乱留给了自己的后代。但随着周平王在晋、卫、郑、秦国等诸侯的护送下，沿着周宣王所奠基的道路，终于抵达洛邑后，这场绵延将近六个世纪的东迁之旅其实才刚刚启程。

接下来，我们观察到周人东迁之后所掀起的三波人群迁移浪潮，先后由周（郑）、晋国和楚国推动。在此，"周、郑一体"的视角，率先解开了东周之初周王之所"隐没"和郑国之能"小霸"的原委。作为追随周王一同东迁的王室近臣，郑国与虢国分别扮演了"王室之矛"与"王室之盾"的角色。相比虢国默默镇守黄河中游峡谷，阻挡西部之戎尾随的兢兢业业，郑国对黄河下游卫、宋、陈、蔡等国的进逼，则不仅显示了郑国的雄心，事实上更表达了周王对成周以东开疆拓土、展示权威的愿望。因此，可以说东周之初的周王室并未隐没，而是以郑国（屡借王师）东侵的方式，不断刷新着自身在中原的存在感。只是，这波浪潮很快遭遇了齐桓公的阻挡。

齐国位于黄河流域的最下游位置，注定了其在之后几个世纪中"中流砥柱"的地位。陈、宋等东避周、郑的人群沿黄河进入齐国，经管仲善加归化、整合，为之带来发展的动力。齐国的变强，不但抵住了东出太行的狄人以及江、淮中游的楚人，也挡住了周人东进的路径。齐桓公的"九合诸侯"，在很大程度上复位了被周人东压而发生位移的国家、人口格局，也抵消了周王为求再度复兴而做出的努力。面对这高高擎起的"尊王攘夷"之旗，周人只能用"文武胙、彤弓矢……"，与齐侯共饮一杯无处倾诉的苦酒——因为，在向东路上遭受的挫败，一方面扩大着周、郑之间的裂隙，另一方面也让周王面临更狭窄而尴尬的外援选择。

相比"王室之矛"的进攻乏力，作为"王室之盾"的虢国似乎更加称职。在其努力下，被秦人东逐的入镐诸戎，无法沿渭河平原进入黄河中游，只能循汾水河谷悉数入晋。在吸纳诸戎的过程中，晋国经历了数次政权的变更，无异于东周整体政局变迁的缩影。晋献公西合诸戎，东逐赤狄，在增强自身实力的同时，也给东部平原国家带去周、郑东迁以来的第二波浪潮。这股潮流第一步先为齐桓公送去"阻狄而成霸业"，第二步因晋国拔除虢国，为周王室送去希图复兴（但终成泡影）的外援，第三步则使原本流离失所、无望即位的公子重耳成为平息王室内乱的功臣晋文公。只是，晋国的基本发展方向，也从此在秦国的影响下，从西固变为东顾。

东面被齐阻，北边受晋迫，楚国成为周王室最后的凭藉。楚人原受周人委托逐铜料而南迁，本远离中原纷争，现在同样在秦国南攻和周郑激励的推、拉之力下，成为与王室同行的主力。由于长江、淮河的走向都偏东而不择北，使得楚国在与齐、晋交锋过程中都缺乏地利之便，始终处于劣势；但同样的理由却使得"政乱兵弱"的楚国，在干越、吴越面前拥有了无法忽略的优势。楚人直接攻吴受到抵抗，但通过东伐干越，推动越国北吞吴国，取得了长江中下游的人力（越人）、物力（铜矿）资源。同时，吴国为避越国选择倾国北遁，也为黄河下游国家带去了推动春秋时代东亚人口迁移的第三波浪潮。

在这三波浪潮的冲击下，姜氏齐侯被田氏取代，晋国之土一分为三，吴王之强不复存在，周室的权威名存实亡。而受冲击最为严重（任何一波人口迁移浪潮都未幸免）的齐鲁之地，则率先开始寻求"民富且寿"的具体方案。

战国三后浪

　　无论战国时代从何时算起（《春秋》之止、三家分晋还是田氏代齐），事实上都反映了具有相关性的一组事实，即由于黄河上游人群东迁，导致的中下游人群—国家格局的重组。《春秋》之止，客观上有吴国北侵齐、鲁，鲁国为资兵而坏井田"用田赋"[①]，孔子徒有封笔抗争的背景。这与三家分晋、田氏代齐一道，恰好代表了春秋时代三股人群迁移浪潮在不同局部的反映。

　　三波浪潮交汇于黄河最下游的齐、鲁，使之颤动，而激发了扩大国家收入、调整国家对个体支配关系的变革需求。但这三股潮流抵达下游之时，已如强弩之末势不能穿鲁缟；加上齐国作为西部人口的流入终点，反能依靠吸收外来人力、物力资源借力卸力，使国力在阻挡西敌过程中还略有提升。这一切都令变革方案遭遇阻力，并形成了一种类似"幸存者偏差"的观念定式。虽然，齐、鲁在三波浪潮面前之所以能立于"不败"，其实是源于上述原因，但在作为历史当事人的本地思想家的头脑中，产生了"以不变应万变"的强烈的局部印象。当这种"消极变法"的复古主义，压倒了"积极变法"

---

　　①　《左传·哀公十二年》。

的变革意愿时，也同时决定了黄河下游国家在东亚人群迁移旅程下一个回合中的选择。

尽管齐、鲁选择了"消极变法"的方案，但对分晋后新生的魏国来说，"积极变法"就成了一个生存攸关的选项。值得注意的是，在鲁国"初税亩"（前594年）之后，魏国李悝变法之前，还有郑国子产的变法（前543年）。黄河逆流沿线三国依次变法的顺序，也可见变法的强度呈现从黄河下游至上游逆势提升的趋势（这个坐标体系加上秦国的数据同样成立）——上游人群受下游人群的刺激，在"变"（程度化）和"法"（强制性）这两个维度上都不断增加。

魏国的变法成功，使其继承了晋国的大部分疆土和东、西压力，更确切一些说，则是东部来自齐国的阻力。魏国通过河西要塞的营建，阻挡秦国东进达一个多世纪之久，完成了晋国时代也未实现的成就。阻秦之任毕竟艰巨，当魏国希望通过武力逼迫韩、赵，再聚三晋之力时，却遭到了齐国的狙击。站在齐国的立场，原因显而易见，三晋迫齐的压力，犹如秦迫魏国——来自高原对平原的位势优势。田氏齐国的将领们利用春秋时代以来多次绥服西犯之敌的丰富经验（兵法），两次挫败了魏国的东扩企图；并且还借助"以魏合于齐、楚以案兵"的策略，反过来将魏国本身变成了西部防秦的盟友。

随着从秦简公至秦孝公陆续将东部国家提高生产力和社会动员能力的方案施行于本国，黄河上游与中游人群的角力又渐回同一平台后，秦国对东部国家的优势便真正展现出来。正如我们在上一章中已经详细分析过的那样，秦国从晋国裂解为三的经验中得到启发：

在秦国压力下的三晋与楚国都各怀异心。哪怕齐国化解了秦国借助魏国催发的中路攻势，来自南面楚国与北面赵国的另外两路压力，终于让齐国陷入"双拳难敌四手"的困境。

当齐国几乎再次同时防住西、南、西北三波人口迁移浪潮之际，来自正北方的燕国最终攻入了黄河下游"砥柱"的腹心。因为当黄、淮人流汇聚于齐时，齐国同样也向北方寻求释放之路。齐国之于燕，犹秦国之于三晋；燕国破齐，如同当年齐国攻庞涓于马陵。燕国破齐之役验证了在东亚人群迁移的循环路径上，齐国是出色的下游之国，却不是合格的上游之国。

随着齐国不复往日，"秦下甲云中、九原，驱赵而攻燕"①，六国悉入于秦。而燕、赵则将裹挟辽西、燕山以北人群（匈奴），沿着赵武灵王当年窥秦的旧路，"从云中、九原直南袭秦"。最终，这些农牧混合的人群，会再次汇聚于蒙古高原南缘，终于完成六国的复仇。

---

① 《战国策·燕策一》。

收支平衡

　　梳理完春秋、战国时代席卷东亚大陆的六次大规模人群迁移，为我们提供了东周社会变迁的宏观背景；同时，也揭示了东周诸国内部变迁的另一条主线：面临外敌压境时，社会内部的应对之策。以此内、外轨迹为线索，将为我们重现当时人们所思所想的真实土壤，还原"诸子百家"思想的形成与当时社会现实之间的联系。

　　东周时代的绝大部分国家在不同阶段，总会面对同一个问题——战争日渐增多，而领土和人口不增反降。战争意味着支出上升，领土/人口下降则意味着收入减少。这两者之间的矛盾，是国家"年饥，用不足"，而普通百姓"不得耕耨以养其父母，父母冻饿，兄弟妻子离散"[①]的主要原因——成年人频繁出征，使得家中老弱无人照管，田地稼穑无人操持，国家积蓄越来越少。在这种表现为"收支不均"的矛盾中，实际上也蕴含着两组解决方案：第一，减少战争；第二，扩大领土和人口。

　　相比之下，第二种方案更容易操作，毕竟在外敌压境时，战争难以避免。孔子最初代理鲁相时，首先想到的就是增加鲁定公所能

---

　　① 　《孟子·梁惠王上》。

控制的人口。两周时代，诸侯名义上是国内最高的统治者（同理，周天子是"天下"名义上的拥有者），但诸侯国内部的领土和人口由君主与各家大夫分享。鲁侯和"三桓"贵族们，拥有各自的世袭领地；君主实控的土地要承担国家防务开支的大部，大夫们只承担小部分，甚至不参与分摊（这种情况酿成了当年郑国与周王的分裂）。为了增加国家应敌的能力，合理的为政之道，就是将大夫、贵族控制的人口释放出来，改善国家的税收、服役结构。

孔子当初就是以这样的思路参与了鲁定公与"三桓"之间的斗争。但他削弱贵族以充实国君的"堕三都"方案遭遇失败，不得不率弟子周游列国，并在后半生的大部分时间里倒向了第一种方案。对于减少战争，孔子首先想到的是回归"禹、汤、文、武、成王、周公……此六君子"的时代——在这些古代君主执政时期，是少有战争，且诸侯（大夫）听命的美好年代。这为儒家思想奠定了一种"复古主义"的基调，通俗地讲，只要在"尊礼"方面足够尽力，就能扭转"天下无道，则礼乐征伐自诸侯出"的局面。

然而，现实情况要复杂许多，古时的和平是建立在君主或国家强大军事实力的基础之上的——当国家强盛，源源不断获得胜利和财富，所有的制度都是好制度，所有的问题都容易解决，比如周初文王、武王的时代，或者齐桓公之时。而春秋末年的周室已经连王师都无力派遣了，再完备的"礼乐"也无益于扩充寸土或维持社会秩序。孔子壮年在周游列国时，始终不懈地向卫、宋、陈、蔡等国宣讲礼制，却收获无功。这些倍受西面（先是周、郑，后为晋、楚）侵凌的国家非不愿也，是不能也——因为作为社会交往法则的"礼制",本是太平年代、四境和睦的成果,而非原因。正是君主权力的衰微造成诸侯不朝,而不是诸侯失礼,反过来令王室羸弱。即便在各项礼仪制度上无限逼近古代圣王时代,也难以求得强盛王国的回归。

早年的孔子之所以屡屡碰壁,比他更早一个时代的管仲可能要负一点责任。管仲协助齐桓公,凭借九次会盟,打着"尊王攘夷"的旗号,在一定程度上维持了西周末年的旧版图,屡屡给后来者留下"复古"依稀可成的印象。殊不知,即便周初的"礼乐"可以恢复,随着"春秋三前浪"的相继拍岸,齐国当年"民归之如流水"的人口资源已不可复得,"敬老爱幼"所需的根本前提难以实现。一句话,"尊老爱幼"是常胜者的福利,却不是四境遭敌时的良策。

经过一生挫折,孔子最终又回归到了第二种方案上,只是他选择了一个简约、实用的版本:从削弱大夫家的领地、人口的直接手段,改为扩大纳税范围。当年周游列国,时时感叹"苟有用我者,期月而已可也,三年有成"的孔子,终于让位给了晚年居鲁时,默许"有鳏、寡、孤、疾,有军旅之出则征之,无则已"的孔子。残酷的现实是比理想更好的老师,列国流离的经历使孔子发生转变:对为政者来说"不劳不费"或"轻徭薄赋"固然最好,但大多数时候都不得不面对"既劳又费"的境况;既然如此,先求一胜,再图"民富且寿",便成为后期孔子对前期自己的妥协。

从孔子前期到后期这一阶段,东周以来不断向东的人群迁移潮流,使得时代的危墙向东发生了更大的倾斜。这令儒家学说的奠基人在其一生中也经历了向不同维度的转变。如果说从前期到后期的

（两个）孔子，在实现国家富强、"收支平衡"的目标时，都追求自上而下的方式，那么，加上自下而上的版本，从孔子的三个面向中便产生了影响东周及后世的三种知识上的反馈。

孔子的三个面向

　　首先，"墨启于儒"[1]，墨翟和他的弟子们早年从学儒家，虽后弃儒，但继承了孔子最为理想主义的一面：努力维持国家旧疆。孔子出于对"理想王国"的追求，以"上敬老则下益孝，上尊齿则下益悌"这样一种委婉、曲折的方式反对诸侯间长期不绝的战争，将停止战争的希望寄托于一位强大的"圣王"；而墨子则在"反战"这一点上走得更加彻底——既然诸侯之间的战争是成年者死于征战，家中老、幼失去依靠的终极源头，何不以"非攻"、"兼爱"之名反对所有"不义"的战争？

　　然而，反对战争（抵御外敌侵略）与发动战争一样耗费民力，甚至更多。所以，当诞生于东周首冲之地宋国的墨子亲身实践他的哲学理念时，他与墨家弟子就以一种自下而上（而不是依靠"圣王"）的方式，投入到了抵抗西部国家、维护旧有国家格局的运动当中。只是，随着御敌支出的增长，缺乏齐地"轻重鱼盐"之利的抵抗者们，苦于没有额外的经济来源，最终只能将"节用"作为平衡收支的首选。就是这一点，而非其他，成为墨者"非儒"的理由，构成

---

　　[1]　钱穆：《先秦诸子系年》（自序）。

了儒、墨之间的最大分歧——毕竟复古主义在形式上通常显得不够节俭。

前期和后期的孔子则分别被孟子和子夏继承。孟子一派继承了前期或晚年返鲁之前的孔子的衣钵，为"儒分为八"①后的集大成者。孟子与孔子一样明确地意识到，普通百姓"不得耕耨以养其父母，父母冻饿，兄弟妻子离散"的原因，不在于百姓本身，而在于秦、楚等国的执政者"夺其民时"②，将民众驱上战场。因此，同样成为坚定的"反战"阵线的一员。此外，他也继承了孔子用"仁政"对抗秦、楚之不仁的策略；主张通过"易其田畴，薄其税敛，民可使富也"③，实现"仁者无敌"，国家强大。

从逻辑上讲，孟子的每个出发点都有利于国、民。他的"轻徭薄赋"固然是"厚敛苛政"的反面，但这同样需要一个强大国家作为后盾——换言之，一个强大的国家可以选择"薄其税敛"作为"仁政"的表征之一，但在危机四伏的时代，却不能使国家重获强大，因为"仁政"只是强国的充分非必要条件。

尽管孟子有关"仁政"的政治理念未能通行于当时，但其中对"人伦"关系的强调④（同样源自圣人政治的"反战"诉求），则在可操作性的层面上，成为后世统一王朝治理技术的范型。可以说，这

---

① 《韩非子·显学》：自孔子之死也，有子张之儒，有子思之儒，有颜氏之儒，有孟氏之儒，有漆雕氏之儒，有仲良氏之儒，有孙氏之儒，有乐正氏之儒。

② 《孟子·梁惠王上》。

③ 《孟子·尽心下》。

④ 《孟子·滕文公上》：圣人有忧之，使契为司徒，教以人伦：父子有亲，君臣有义，夫妇有别，长幼有序，朋友有信。

是所有"仁政"清单上最容易实施的一项，操作难度远低于减税，并在一定意义上起到巩固统治的作用。

回到他们所处的时代，孔、孟（包括墨家）所有政治主张的基本出发点，都可视为对当时战争规模扩大、频率增多，造成税收上升、社会人伦断裂的反思。面对不知能否恢复的旧秩序，他们坚持以各自的道路，或寄希望于"圣王"，或躬身亲为，只为匡扶危室；但以"薄其税敛"为代表的"节流"方案，很快就让位给了以"尽地力之教"为代表的"开源"方案。

子夏之儒在魏国的成功，很大概率源自后期的孔子。孔子的"复古"并不表示一成不变，而是用所谓"古制"来改变"不古"的当时，只不过这种"向古看齐"遮蔽了其中"求变"的本质。既然打开了求变的闸门，也就同样包含了"向未来看齐"的可能。

魏文侯用李悝之后种种改革的源头，可以从鲁国季孙氏的"用田赋"算起，也可以追溯到更早的"作丘甲"、"初税亩"。既然战争不可避免，税收也不能减少，那如何在不显著增加民众负担的情况下，保持国家竞争力？子夏之儒采用的方法是：增加纳税人口。外敌当前之下，君主与大夫的邑民之争，让孔子难去鲁之"三桓"，但在本就以"千乘（大夫）之家"篡"万乘之国"的魏国却不成阻碍。一方面，将大夫自治下的邑民，转为纳税的国人，另一方面，用国家征收的方式，使国人成为"治田勤谨"的农民。这就是在国家总人口不变的情况下，增加税收，实现强国的开源之法。

我们可以从"对战争的态度"、"实现目标的方式"和"对国家的定位（期待）"这三组变量关系中，更为清晰地分析墨家、孟子

（典型儒家）和子夏之儒的哲学理念在应对现实问题时的有效性，从而明确这些理念的实践者，在当时环境下，各自能走多远的原因。

表12.1　墨家、孟子、子夏之派对现实问题的观点差异

学派	对战争的态度	实现目标的方式	对国家的定位
墨家	反对战争	反对增税	维持国家现状
儒家（孟子）	反对战争	反对增税	强大的国家
儒家（子夏）	反对战争	支持增税	强大的国家

从上表可见，战争支出与国内财政收入，构成了一个国家"收支平衡"的基本因素。只有收入不低于支出，国家才有机会维持稳定的现状；收入与支出间的差额，决定了国家的自我定位能否实现。

那么，墨家的理念在外敌不侵的情况下似可实现，但对强敌环伺的局面无解。典型儒家（孟子、前期的孔子）希望有一个强大的国家来终结战争与高赋税带来的社会困境，但在早期削弱鲁国大夫以强国君的尝试失败后，就陷入了因果倒置的循环。而从子夏之儒的理念中，似乎可见一种自洽的逻辑，即有可能实现收入高于支出。这也是我们在现实中所观察到的魏国通过变法而变强的原因。

既然路径已经初现，我们何不把步伐迈得更大一些，以此方式进一步破解诸子百家的逻辑线索与脉络？

诸子的方案

　　当我们把"收支平衡"与"国家定位"之间的联系，作为理解儒、墨学派的切入口，就更方便接下来对东周诸子百家哲学观点进行更系统的考察和归纳。经过之前的分析已可获悉，诸子百家不论何者，其试图回应的议题，都可以归结为：对东周以来西部人群向东迁移所造成诸侯国疆域、国内社会关系的重新调整。究竟是接受现状，还是恢复原状，甚至随势而变，都是诸子尝试对眼前境况给出的方案和期许。

　　因此，当方法与目标恰能吻合，则学派收获众多拥趸，在历史上留下独特的位置。而随着外部环境的变更，原有的方法不再能适应目标，或目标本身失去存在的价值，则学派后继无力，逐渐淡出历史视野。借着这种业已成型的思路，我们接下来将把诸子百家中，除上述儒、墨以外的若干种主要学派，置于同一分析框架下系统考察，见下表：

表 12.2　诸子百家主要流派对现实问题的观点差异

（儒墨除外，极简版）

学派	对战争的态度	实现目标的方式	对国家的定位
杨朱	反对战争	反对增税	无所谓国家
兵（法）家	支持战争	支持增税	维持国家现状
黄老	支持战争	反对增税	强大的国家
名家	反对战争	支持增税	维持国家现状
法家	支持战争	支持增税	强大的国家

第一，先看与墨家并称的杨朱一派，所谓"杨朱、墨翟之言，盈天下，天下之言，不归杨则归墨"[1]。两者之所以并称，道理非常简单，因为对待战争和现实的态度上都保持一致，唯一的区别是：墨家选择倾其所有，去抵抗国家格局的改变，而杨朱却看到抵抗本身的徒劳一面——"世固非一毛之所济"。事实所见，在收入来源不增的情况下，没有一个国家可以一次又一次抵御外敌的冲击。既然如此，选择放任自流，独善其身于乱世，向往"损一毫利天下不与也，悉天下奉一身不取也"[2]的虚无之境，更可能代表大多数东部国家普通人的选择。

墨家与杨朱的哲学观点有着相同的现实背景与出发点，虽然选择不同（墨家坚持抵抗之念，杨朱不存抵抗之心），但两者最终的路径其实相差不大。墨家的坚决抵抗策略，导致了最坚定抵抗者的集

---

① 《孟子·滕文公下》。

② 《列子·杨朱》。

中陨落；而杨朱的独善其身则加速了大众抵抗者的涣散。从这种意义上讲，既然"杨朱、墨翟之言盈天下"，黄河下游国家抵抗西部人群的成效便应该不再显著。

第二，春秋至战国的大量事实证明，一味防守并不能真正有效抵御西部之敌，故有以攻为守的兵（法）家在东部国家的大量涌现。他们通过对国内资源的重新整合，使齐、魏等国在经济和军事上都有显著提升。然而，无论是传说中的孙武、继起的孙膑和吴起，还是后来的匡章、司马穰苴，他们所专攻的军事技艺，都是在本身处于劣势情况下的一种巧取，而无法做到对黄河上游到下游区域整场局势的扭转。因此，兵（法）家的"骄人"战绩所能取得，也仅能取得的，是对国家现状的维持。

当然，这些胜绩已经足够令人怀想，吸引后世的人们不断建构起"兵法"的神话。平心而论，当后人们不得不诉诸"兵法"的奇迹时，是否表明求助者多已陷入了兵力、补给上的劣势？而真正保障整场战役取胜所需的强大经济储备，往往会被人们忽略。这也是颇值得"谈兵"者反思的重中之重。

第三，兵（法）家取得的胜利，能巩固疆域一时，但无法带来一劳永逸的胜利。如同没有泄洪阀的水坝，除了让上游水位不断攀升外，只能让下游居民陷入日复一日的惶恐之中。"道启于墨"[①]，作为墨家、杨朱，甚至兵家混合产物的黄老学派应时而生。在战国中期，东部国家人口趋于稳定的情况下，经济潜力无从再挖，唯有税

---

① 钱穆：《先秦诸子系年》（自序）。

收如同防洪的坝体一样相伴上升。重压之下，君、民上下渐渐生出一种无法逃避的宿命观念：有宗将坏，如伐于山。

黄老学派，杂糅了顺势而动的老子之学和"唯余一人，兼有天下"的黄帝之学，赋予实践者一种孤注一掷的心态：战胜，则彻底扭转敌人环伺的局面，迎来国家的复兴；而战败，也能早日彻底摆脱年复一年高强度防守、税收的重压，不再生活于溃坝的阴云之下。借助这个角度，或许能帮我们更加身临其境地感受齐国"伐燕灭宋"时的心路历程。

当然，孤注一掷的勇气和动力很快会被残酷的现实击溃，正如齐国在"五战"之后最终倒下。现实已经明白无误地证明，齐国的确站在了"势"或"道"的对立面。选择"无不为"的"黄老"一脉，终究让位给了与世无争的"老庄"一派，留给我们一个清静无为的道家形象。

第四，主张"以魏合于齐、楚以案兵"的惠施，"偃兵之意，兼爱天下之心也"[1]的公孙龙，和提倡"禁暴息兵，救世之斗"[2]的尹文也都没有笑到最后，但他们让"使人俭而善失真"[3]的名家，在战国的中后期留下了自己的声音。名家的理念正如表12.2中所归纳的那样，延续了滥觞于三晋的子夏之儒的哲学实践。他们愿意尝试经济、社会制度上的改变，想尽一切办法，穷究"刑名"，以应对局势的变化，然而，依旧不敌秦国。

---

[1] 《吕氏春秋·审应览》。
[2] 《尹文子·大道上》。
[3] 《史记·太史公自序》。

于是，名家惠施、公孙龙等，开始将辩才进一步施展，兼有纵横家的身份，走上游说齐、楚、燕国等东部国家一同联手抗秦之路。（而从这个角度也可以明确，纵横家多出于名家的原因。）尽管他们被贴上"不法先王，不是礼义"的标签，辩论能力也被贬为"好治怪说，玩琦辞，甚察而不惠，辩而无用，多事而寡功"[①]，但他们以更有责任感，也更具能动性的实践，捍卫了东周时代抵抗者阵营最后的尊严。

　　时代的齿轮不倦碾动，多余的论述毋需再叙。当我们将诸子哲思与东周诸国的进程一一对应，中国古典思想的源头脉络早已跃然纸上。

---

　　① 《荀子·非十二子》。

从儒家到法家

沿着这条筚路蓝缕的知识探索之路，我们已经依稀实现了将除法家以外的"百家"，置于同一框架下给予讨论的目标。根据上述十分有限的分析可见，诸子人数虽多，但由于所处的连续而近似的时空背景，其所论及的哲学维度其实存在有限的面向。之所以呈现百家之态，盖因各自生长、坚守的国家不同，有的位于黄河下游，有的位于中游、上游，所面临的外部压力同中有异，所以激发了不同的应对方案和期望目标。

为了逼近最终的结论，也为延续作者一以贯之的知识趣味，我们可以将表12.1和表12.2合二为一，把"对战争的态度"（支持/反对）、"实现目标的方式（增税）"（支持/反对）和"对国家的定位（变强/维持现状）"都化约为两种基本的状态，用"+"（代表支持、增加和变强）或"−"（代表与前者相对的状态）符号加以描述。于是，得到表12.3。利用这张表格，可以让我们对东周时起于儒家、终于法家的思想历程，寻找一些数学上的联系。

表12.3　诸子观点差异对照表

学派	对战争的态度	对增税的态度	对国家的定位
儒家（孔子、孟子）	−	−	+
墨家/杨朱	−	−	−
儒家（子夏）	−	+	+
兵（法）家	+	+	−
黄老	+	−	+/−
名家	−	+	
法家	+	+	+

回到最简单的"收支"问题，存在三组基本的盈损状态：（一）收支相抵，国家可以维持现状；（二）收入高于支出，国家可以富强；（三）支出高于收入，国家危机四伏。而决定这种收支对比值高低的，恰是诸子核心哲学观点中对战争、增税的态度（假如他们的执政主张被所在国诸侯采纳的话）。如果收支比值与国家定位可以相符，某种哲学体系就能通行有效；如果相反，人们只会陷入事半功倍的泥淖——国家难敌外侮，国内民生多艰。

以兵（法）家为例，他们支持战争，也支持征税，但只期望维持国家现状；这使他们在逻辑上至少是自洽的，也在短期内实现了自己的目标。相比之下，黄老一派的诉求和途径就显得较为随性，对运气的要求较高，这使田氏齐国很快耗尽了兵（法）家先前积攒的胜利果实。

由上表可以清晰发现，诸子哲学都可以极简地表达为"对战争的态度"、"实现目标的方式"和"对国家的定位（期待）"这三组变量之间的关系，每一个变量又可分为两个对立的选项；按照排列组合的原则，最多可有 $C_2^1 \times C_2^1 \times C_2^1 = 8$ 组排列选择。当我们把诉求和途径基本相同的墨家和杨朱合并为一项；将孤注一掷、赌上未来的黄老学派，按其对"国家的定位"的两可选项拆分成两组（+/-），就获得了这样八组基本的逻辑关系。

那么我们就得到了本书的第一个结论：诸子百家哲学本质上都是对当时局势的认知与回应；从体系上分，并不庞杂，不外乎上述八种逻辑结构。

现在，我们可以从儒家到法家的转变，再次理解东周哲学家有关人性、伦理、教化、礼教等社会事实的主张背后之真实的政治—经济意图。以表12.3中的法家为例，按表所见，八组关系中，法家在三项变量间建立了最强的因果联系。如《商君书·农战》以"国之所以兴者，农、战也"短短一语，即将三个变量及其赋值全部囊括。而着眼于对国家的定位之强调，在表中与法家赋值（+++）最接近的共有两组，一组是子夏之儒（-++），另一组为黄老之学（+-+/-）。

首先，从本书中已知，秦商鞅变法源自魏李悝变法，而李悝则继承自子夏之儒。能"见小利"且"欲速"的子夏，将晚年孔子"有鳏、寡、孤、疾，有军旅之出则征之，无则已"的例外条款以国家征税的施政形式固定下来，成为魏国"尽地力之教"的源头，并成功防御了秦国的东进。为了突破魏国的阻挡，秦国施行强制"农战"的雷霆手段，其实是魏国变法的变本加厉的升级版本，因为在同等程度的变法下，秦国所获的优势不够明显，只能追求强度上更胜一筹。

荀子不但认为"齐之技击，不可以遇魏氏之武卒；魏氏之武卒，不可以遇秦之锐士……"，也道明了其中的原因：齐兵只按首级给赏，却不管胜败，差不多就是"赁市佣而战"；魏兵只要考核合格就给待遇，而"税必寡"，效果终将有限；而秦兵因为被秦王逼得没有其他道路谋生、只有通过作战谋求利禄，战胜后才能"功赏相长"①——越往上游，对个体的经济驱动越低，权力压迫越高。由此可见，商鞅变法实际上是用强力手段夯实了秦国实现终极目标的经济基础；当然，秦人所处黄河上游的位置是所有变量的赋值之能确定的先决条件。

其次，李斯、韩非出自儒家荀子门下，而以法家身份入秦，关键之处仍在荀子。作为三次出任稷下学宫祭酒，荀子深染当时齐地主流的"黄老之学"。同时，他又认为"慎墨季惠，百家之说诚不详"②。有意思的是，他所提到的慎到、墨翟、季梁和惠施，所分别代表的黄老（＋－＋/－）、墨家（－－－）、杨朱（－－－）和名家（－＋－）有一个最大的共同点，即对国家的（强大）未来缺乏一种明确的定位，并构成了与典型儒家（－－＋）最根本的差异。

这种差异终使荀子在"推儒、墨、道德之行事兴坏"③的过程中，以"性恶论"的形式走向了与典型儒家的分歧。比荀子稍早的孟子虽身处黄河下游之地，但面对源源不断的西部压力，始终坚信每个

---

① 《荀子·议兵》。
② 《荀子·成相》。
③ 《史记·孟子荀卿列传》。

人都拥有抵御外敌时"舍生而取义"的禀性，"非独贤者有是心也，人皆有之"①，因此希望人们发自内心地主动御敌，自觉捍卫国境。这种"性善论"也同时封堵了国家强制力的下渗，使庶民免于以"圣王"为借口的过度压榨②。而荀子有感于"黄老之术"的功败垂成，认为下游人群之所以无法一劳永逸地抵御上游人群的冲击，是因为人类天然具有"饥而欲饱，寒而欲暖，劳而欲休"③的性情。正是这种天生的惰性（"人之性恶"），阻碍了人们成为孟子当年所说的那样"今之学者，其性善"。

孟子的"性善"论，虽然不能保证人们真的舍生取义、抵御强敌，但其对人性的笃信，至少避免了把民众推上战争和高税收的轨道，因而使自己的哲学理念能实现基本的自洽。而荀子反其道而行之，以"性恶"立论，则以民众不堪大用、既不愿舍生也不能取义作铺垫，目的是拉开强制之力的闸门，对人的天性加以束缚，主张"立君上之埶以临之，明礼义以化之，起法正以治之，重刑罚以禁之，使天下皆出于治，合于善也"④，最终克服民众的"惰性"，将国民逼上合力抗敌之路。

由此可见，荀子与孟子有关人性善/恶的不同看法，其实并不在于探讨人性本身，而在于是否要加强对民众的管制，以抵消、控制民众对频繁出征、增税的厌恶。而这也是我们在本书中得到的第二个也是最后一个结论：东周诸子所提出的每一个哲学观点，都不

---

① 《孟子·告子上》。
② 《荀子·性恶》：故性善则去圣王，息礼义矣（唐杨倞注：性善则不假圣王礼义也）。
③ 《荀子·性恶》。
④ 《荀子·性恶》。

是脱离现实的形而上学，而是对当时真实社会情况给出的思考和对策。我们既可以沿着诸子的哲学思考，对应到具体的社会变迁的背景，也可以经由社会结构的变迁，找到其在哲学世界中的映射，两者相生相伴。

最后，当稷下祭酒荀子试图用"性恶"论来驱策民众时（改变表12.3中的第二项值），他陡然发现，自己实际站在了黄老之学（+ – +/–）和正统儒家（– – +）的双重反面。经历了春秋—战国时代数个世纪六波人口迁移浪潮冲击的黄河下游民众，早已疲态尽显、"劳而欲休"。恰在此时，"佚而治，约而详，不烦而功，治之至也"[1]的秦国适时进入了荀子的视野。或许是钦慕"以善至者待之以礼，以不善至者待之以刑"[2]的刑法之治，能有效控制"性恶"，或许仅仅是对"其殆无儒邪"的秦国的投契，使得荀子的门人最终拥抱了能支持三个变量赋值逻辑上最为严格的秦式法家（+ + +），并完成了从儒家到法家的转变。

---

[1] 《荀子·强国》。
[2] 《荀子·王制》。

黄河入海流

　　非常简略地整理了"诸子与诸国"的脉络联系之后，本书已经走向尾声。通过之前十一章篇幅的叙述，我们完成了东周列国与诸子百家思想发展的第一轮框架描述，而在本章上述的矩阵式分析中，则是对诸子思想体系的第二轮概括。诸子百家中的流派与哲人不可胜数，本书只涉及他们思想和事迹之万一，但相信所提出的分析体系或能有效地归纳其中的脉络。最后，针对乐于格物致知的读者朋友而言，要想形成对诸子百家更简明、直观的认识，其实还有第三轮更精炼的版本。

　　依照"前浪"与"后浪"的关系，我们可以将诸子百家的思潮最为粗略地分为两类：扶墙者与推墙者。当我们把东周时代的社会变迁过程，形象地想象为一堵向东出现倾斜的高墙。一开始，人们往往都选择站在扶墙的一边，想尽各种办法，或努力让高墙恢复原本直立的状态（儒家），或至少维持现状，不要继续倾斜（墨家）。然而，随着事态的发展，高墙倾斜的趋势增无减，让扶墙者渐感受挫。于是，有人开始放弃、逃离撑扶的任务（杨朱）。

　　当然，高墙倾斜的幅度和速度，在起始阶段总发生得较为缓慢，或让扶墙者的努力看到一线希望（子夏之儒），或期待产生"四两拨千斤"之效（兵家）。不过，高墙倾倒的进度，总会因着自身斜率增加和扶墙者的减少，而逐渐加速。此时，在预感到倾覆不可避免之际，人们开始思考不同方案。除了彻底放弃者外，有人决定孤注一掷，押注毕其功于一役（黄老），还有人选择寻找后路，避免在废墟落下时一同牺牲（老庄）。至于剩下的其他人则作出了更决绝的选择，索性站到了斜墙的另一侧，以推墙者的身份，寻求打破这终日令人惴惴不安的局面（法家）。

"挽狂澜于既倒，扶大厦之将倾"固然是美好的愿望，但人类迁移的趋势不可违，社会变迁的方向不可逆。大厦颠覆之后，还有新的高楼重新立起；前浪拍岸之时，仍有后浪层层叠叠，日夜不倦。

黄河流域人群迁移的故事永不停歇，如同水流从上游潴蓄于山西高原西侧后，东临平原，一泻千里，奔流入海。在下游平原留下大大小小的湖泊、河道，而那些人类开掘的陂塘堰坝，则记录了当时人们对水流趋势、脉络的理解与思考。

与此同时，这些奔腾入海的人流并没有就此抵达终点，而是如同水流在河、海交汇后，经过蒸发作用，再次化为丝丝雨露，飘过辽西山脉，沿着阴山、大青山的支脉，重新散聚于黄河上游。有朝一日，他们将复以涓涓细流之姿，再一次汇入从黄河上游到下游的旅程。

参考文献

《盐铁论》，桓宽，四部丛刊本

《十三经注疏》，北京：北京大学出版社，2000年

《史记》，司马迁，北京：中华书局，1959年

《汉书》，班固，北京：中华书局，1962年

《后汉书》，范晔，北京：中华书局，1965年

《晋书》，房玄龄，北京：中华书局，1974年

《逸周书校补注释》，黄怀信校注，西安：西北大学出版社，1996年

《国语集解》，徐元诰，北京：中华书局，2002年

《战国策笺证》，范祥雍，上海：上海古籍出版社，2006年

《古本竹书纪年辑证》（修订本），方诗铭、王修龄，上海：上海古籍出版社，2005年

《春秋左传注》，杜预注，杨伯峻注，北京：中华书局，1990年

《春秋左传正义》，杜预注，孔颖达疏，北京：中华书局，1957年

《楚辞补注》，洪兴祖，北京：中华书局，1983年

《越绝书》，袁康、吴平，上海：上海古籍出版社，1985年

《吴越春秋》，赵晔，南京：江苏古籍出版社，1999年

《周礼正义》，孙诒让，北京：中华书局，1987年

《论语译注》，杨伯峻译注，北京：中华书局，1980年

《孔子家语疏证》，陈士珂辑，崔涛点校，南京：凤凰出版社，2017年

《墨子间诂》，孙诒让，北京：中华书局，2001年

《老子注译及评价》，陈鼓应，北京：中华书局，2009年

《庄子今注今译》，陈鼓应，北京：中华书局，2007年

《孟子译注》，杨伯峻译注，北京：中华书局，2005年

《荀子集解》，王先谦，北京：中华书局，1988年

《孙子译注》，李零注译，北京：中华书局，2009年

《吴孙子发微》，李零，北京：中华书局，1997年

《韩非子集解》，王先慎，北京：中华书局，1998年

《商君书译注》，高亨注译，北京：中华书局，1974年

《列子集释》，杨伯峻，北京：中华书局，1997年

《晏子春秋集释》，吴则虞，北京：中华书局，1962年

《吕氏春秋集释》，许维遹，北京：中华书局，2009年

《说苑校证》，刘向，向宗鲁，北京：中华书局，2009年

《搜神记》，干宝撰，汪绍楹校注，北京：中华书局，1979年

《郁离子》，刘基撰，魏建猷，萧善乡点校，上海：上海古籍出版社，1981年

《子藏 法家部 慎子卷（附申子）》，华东师范大学"子藏"编纂中心编，北京：国家图书馆出版社，2015年

《子藏 法家部 文子卷》，华东师范大学"子藏"编纂中心编，北京：国家图书馆出版社，2013年

《子藏 名家部 邓析子卷》，华东师范大学"子藏"编纂中心编，北京：国家图书馆出版社，2016年

《子藏 名家部 公孙龙子卷（附惠子）》，华东师范大学"子藏"编纂中心编，北京：国家图书馆出版社，2016年

《子藏 名家部 尹文子卷》，华东师范大学"子藏"编纂中心编，北京：国家图书馆出版社，2016年

《黄帝四经今译今注》，陈鼓应，北京：中华书局，2016年

《马王堆汉墓帛书：老子》，马王堆汉墓帛书整理小组编，北京：文物出版社，1976年

《马王堆汉墓帛书：战国纵横家书》，马王堆汉墓帛书整理小组编，北京：文物出版社，1976年

《马王堆汉墓帛书：经法》，马王堆汉墓帛书整理小组编，北京：文物出版社，1976年

《马王堆汉墓帛书[壹]》，国家文物局古代文献研究室编，北京：文物出版社，1980年

《银雀山汉墓竹简：孙子兵法》，银雀山汉墓竹简整理小组编，北京：文物出版社，1976年

《银雀山汉墓竹简：孙膑兵法》，银雀山汉墓竹简整理小组编，北京：文物出版社，1975年

《睡虎地秦墓竹简》，睡虎地秦墓竹简小组编，北京：文物出版社，1990年

《侯马盟书》，山西省文物工作委员会编，北京：文物出版社，1976年

《殷周金文集成》（第一册），中国社会科学院考古研究所编，北京：中华书局，2007年

《殷周金文集成释文》（第二卷），中国社会科学院考古研究所编，香港：香港中文大学中国文化研究所，2000年

《殷周金文集成释文》（第三卷），中国社会科学院考古研究所编，香港：香港中文大学中国文化研究所，2000年

钱穆:《先秦诸子系年》，北京：商务印书馆，2015年

杨宽:《战国史料编年辑证》，上海：上海人民出版社，2016年

裘士京:《江南铜研究——中国古代青铜铜源的探索》，合肥：黄山书社，2004年

朱继平:《从淮夷族群到编户齐民》，北京：人民出版社，2011年

百越民族史研究会:《百越民族史论集》，北京：中国社会科学出版社，1982年

马雪芹:《古越国兴衰变迁研究》，济南：齐鲁书社，2008年

赵宾福:《中国东北地区夏至战国时期的考古学文化研究》，北京：科学出版社，2009年

刘蔚华、苗润田:《稷下学史》，北京：中国广播电视出版社，1992年

李零:《简帛古书与学术源流》，北京：生活·读书·新知三联

书店，2008年

李零:《丧家狗：我读〈论语〉》，太原：山西人民出版社，2007年

赵鼎新:《东周战争与儒法国家的诞生》，夏江旗译，华东师范大学出版社，2006年

周宏伟:《楚人源于关中平原新证——以清华简〈楚居〉相关地名的考释为中心》，《中国历史地理论丛》，2012（02）。

蔡运章:《虢国的分封与五个虢国的历史纠葛——三门峡虢国墓地研究之三》，《中原文物》，1996（02）

马世之:《虢国史迹试探》，《中州学刊》，1994（06）

李天元:《湖北阳新港下古矿井遗址发掘简报》，《考古》，1988（01）。

后德俊:《越人矿冶技术的起源与成就及其对楚国科学技术的贡献》，《东南文化》，1996（03）

武刚、王晖:《西周金文中"内国"一词的政治地理双重含义考察》，《宁夏社会科学》，2018（03）

后　记

　　本书写作始于2020年初，历时一年，但最初起源于2014年末。当时我已完成《四夷居中国》书稿，遂有将学术作品通俗化之想。在澎湃新闻的"私家历史"栏目中，发表了名为《周幽王为何频频"烽火戏诸侯"》（2014年11月20日刊）一文，开始了东周人文历史系列连载。该系列刊至2015年中以最后一篇《孔子为何提倡仁和孝：针对的是执政者，而不是百姓》（2015年7月24日刊）终止，共计十篇。

　　彼时的想法是西周三篇，郑国并五霸合六篇，加一篇孔子，这十篇为春秋。之后还计划有战国若干篇，但由于当时编辑更迭等事，后续文章未及动笔，就告段落。这次蒙中华书局徐卫东老师邀约，得以重拾旧题，在此基础上完成全部主题，方得始终，谨表感谢。

　　书中的主题已经非常清晰，不过要说到成书的思绪，还有一路蛇灰蚓线，值得与各位分享。本书中所采用的哲学思想与时代背景互相映射的想法，源自我从本科时代就开始尝试翻译的美国加利福尼亚大学河滨分校宗教学教授伊万·斯特伦斯基的《二十世纪神话学的四种理论：卡西尔、伊利亚德、列维-斯特劳斯与马林诺夫斯基》一书（其间经历近十年，出版于2012年）。他在书中采用剑桥大学历史学家昆廷·斯金纳提出的"语境主义"方法，讨论了魏玛共和国之于卡西尔、罗马尼亚当代政治之于伊利亚德等学者有关"神话理论"的创造过程。

七八十年前，来自欧陆的神话研究领域的研究者们，曾经几乎同时井喷式地提出了众多五花八门的神话理论。但经斯特伦斯基研究发现，这些理论家生平所经历的二十世纪上半叶欧洲大陆的众多历史事件是这些理论诞生的现实土壤。那些表面上从开天辟地"创世记"洋洋洒洒谈起的神话学著作，其实都是借着对古代神话的讨论，剖析欧陆社会当时种种光怪陆离之状。也就是说，包括神话学在内的任何哲学讨论，其实都是彼时社会事实在讨论者身、心上的投射。

一句话，表面上讨论的是神话，讨论的是哲学，其实说的都是时政。说实在地，这一观点初时并没有产生醍醐灌顶般的功效，但在我头脑中植下，蛰伏多年；直至遇到了两千多年前的古人桓宽。

我在写作《四夷居中国》后半段时，涉入两汉的历史维度。当时读到的所有文献中，以《盐铁论·未通》中一段给了我最重要的启迪。该书记载，汉昭帝朝的御史曾表示当时的官方政策已经颇为宽仁，但遭到了"文学之士"的反驳：

> 十九年已下为殇（殇），未成人也；二十而冠；三十而娶，可以从戎事；五十已上曰艾老，杖于家，不从力役，所以扶不足而息高年也；乡饮酒之礼，耆老异馔，所以优耆耄而明养老也。故老者非肉不饱，非帛不暖，非杖不

行。今五十已上至六十，与子孙服挽输，并给繇役，非养
老之意也。古有大丧者，居三年不呼其门，通其孝道，遂
其哀戚之心也。君子之所重而自尽者，其惟亲之丧乎！今
或僵尸，弃衰绖而从戎事，非所以子百姓，顺孝悌之心也。

在这段回应中，讲述者对比了西汉与古代的区别，明确指出，
造成民众无法"养老"的原因在于当时的年长者还在"与子孙服挽输，
并给繇役"；而令民众无法"顺孝悌"的因素则是"从戎事"。这段
文字一语惊人，令我如梦初醒。"养老""孝悌"等词汇大量出现于
先秦文献之中，从《论语》到《礼记》不断重复，而古人为何如此
强调此种美德的原委，竟被汉儒一语道出。一人孝，一人悌，并不
能成为普遍的美德，反之亦然；"孝悌"之所以能具有广泛的社会价
值，是其折射了一种全社会普遍面临的情境：几乎遍及全民的军役、
徭役。

此后，我便豁然开朗，中国历史上包括"孝悌"观念在内的诸
多哲思，在其甫现之时，并不仅仅是后人理解的语录式的"隔空喊
话"，而都有其对应的真实社会场景。以这个时刻为分水岭，此后我
领悟了斯金纳"语境主义"方法的实际价值。通过哲人哲思，可以
了解社会面临的状况；反过来，明确了社会发展的瓶颈，也能找到
先哲当时提出的应对之策。两者之间互为映射。

此前的我对古人"思想"，尤其是诸子哲思都视为畏途；只习惯
于从物质文化角度，分析人群、社会的发展与变迁，这也是我在《四
夷居中国》中着力呈现的。但从《盐铁论》中悟道后，诸子的世界

也对我敞开了大门。带着这种全新的思考，我如饥似渴，尽阅诸子名著；如同拿到密码本的解密者，尽情享受破译密码的快感。从《论语》到《孟子》，从《孙子》到《管子》，当这些过去枯燥难通的经典，重置到当时的历史文本之中后，所有字面含义背后丰富的意蕴就全都浮现出来了。

尤其是当我完成《四夷居中国》的写作，对东周历史进程有了全面的理解后，这种试图系统化地重新解读诸子哲思的愿望就变得愈发强烈与清晰。而几年前发表的《孔子为何提倡仁和孝》就是这一探索的最初试验。而今，这篇文章经过全面修订，作为全书的内核，相信可以对我们从诸国向诸子世界由外而内地探索，起到重要的引领作用。此外，特别感谢《新京报·文化云客厅》栏目邀请，让我有机会在"孔子第七"完稿后，以《孔子的理想王国》（2020年4月5日）为题进行了一场在线演讲。在此期间收获许多积极反馈，令本书内容更加完善。

当然，本书的写作并非一帆风顺，孔子之前的春秋部分，有几年前连载的文字基础作保障，进行得不算困难。但进入战国阶段后，便遇两个难题。第一，诸国争锋激剧，加之已经没有《左传》等详细的编年史料，令人较难把握诸国史事的时序（这关系到几乎所有人、事的因果逻辑）。第二，则是诸子迭起，文献激增，为了全面解读百家哲学，不论知名与否，都要一一涉猎。此两难一度使我步履维艰，陷入苦思，数月难以成章。

所幸，靠着读书破万卷的劲头，本着无论传世版本还是出土简、帛，都要应览尽览的原则，在耗去2020年一整年光阴后，基本完成了通读诸子著作数遍的目标，对其脉络有了大致把握。再者，依靠杨宽先生《战国史料编年辑证》相助，终于厘清战国纷争与诸子雄辩的对应关系，完成了本书（主要是后半部分）的基本框架。而这也算是对不断启发我思考的"春秋—战国"时代的一段个人小结。

坦率地说，我与古典文献、中国哲学、先秦史等方面专家和学者相比，在治学专精方面万不能及，提出的许多看法也难免草率，但我的跨学科背景对问题的讨论或能有所补益，为这个领域贡献一些思考的火花。本书的篇幅不长，内容也不求面面俱到（原本规划会有近二十万字，实际只有不足十二万字），但自忖在方法和观点上尚有可取之处；希望能令读者诸君与我一样，通过本书逐渐打消对东周百家的隔阂，重结与先秦诸子的善缘。

对本书的任何疑问和建议，请致电邮zhjwmuse@126.com。

2021年3月1日